Tegen zodanige mensen
is de wet niet

De vruchten van de Geest

Tegen zodanige mensen is de wet niet

Dr. Jaerock Lee

Tegen Zodanige Mensen Is De Wet Niet niet door Dr. Jaerock Lee
Gepubliceerd door Urim Books (Vertegenwoordiger: Sungnam Vin)
73, Yeouidaebang-ro 22-gil, Dongjak-gu, Seoul, Korea
www.urimbooks.com

Alle rechten voorbehouden. Dit boek of delen van dit boek mogen in geen enkele vorm gekopieerd worden, in een terughaal systeem opgeslagen worden, of geleid worden in enige vorm of betekenis, elektronisch, mechanisch, gekopieerd, opgenomen worden of iets dergelijks, zonder de toegestane schriftelijke goedkeuring van de uitgever

Tenzij anders vermeld, zijn alle Schriftgedeeltes opgenomen van de Heilige Bijbel, NBG vertaling ®, Copyright © 1951 door uitgeversgroep Jongbloed te Heerenveen. Gebruikt met toestemming.

Copyright © 2020 door Dr. Jaerock Lee
ISBN: 979-11-263-0579-7 03230
Vertaling Copyright © 2015 door Dr. Esther K. Chung. Gebruikt met toestemming.

Eerste uitgave in februari 2020

Voorheen gepubliceerd in het Koreaans in 2009 door Urim Books in Seoul, Korea

Bewerkt door Dr. Geumsun Vin
Ontworpen door de Uitgeverij van Urim Books
Gedrukt door Prione Printing
Voor meer informatie: urimbook@hotmail.com

"Maar de vrucht van de Geest is liefde, blijdschap, vrede, lankmoedigheid, vriendelijkheid, goedheid, trouw, zachtmoedigheid, zelfbeheersing. Tegen zodanige mensen is de wet niet."

Galaten 5:22-23

Voorwoord

Christenen verkrijgen echte vrijheid
wanneer zij de vruchten van de Heilige Geest dragen,
tegen zodanige mensen is de wet niet.

Iedereen moet de regels en wetgevingen volgen in hun omstandigheden. Wanneer zij zo'n wetten ervaren als ketenen die hen binden, zullen zij zich opgebrand en pijnlijk voelen. En omdat zij zich opgebrand voelen wanneer zij losbandigheid en wanorde najagen, is het geen vrijheid. Nadat zij zichzelf bevredigd hebben met deze dingen, zullen zij achterblijven met een gevoel van ijdelheid, en uiteindelijk wacht de eeuwige dood op hen.

Ware vrijheid is om vrijgezet te zijn van de eeuwige dood en van alle tranen, zorgen en pijn. Het is ook om de oorspronkelijke natuur te beheersen die zo'n dingen geeft en om de kracht te verkrijgen om ze te onderwerpen. De God van liefde wil niet dat wij op enige manier lijden, en om die reden liet Hij in de Bijbel schrijven de manieren om te genieten van het eeuwige leven en ware vrijheid.

Criminelen of degenen die de wet van het land overtreden worden nerveus als zij de politieagenten zien. Maar degenen die op de juiste manier volgens de wet leven, hoeven zich niet zo te voelen, maar zij kunnen de politie eerder om hulp vragen, en ze voelen zich veiliger met de politie.

Op dezelfde manier, zijn degenen die in de waarheid leven voor niets bang en zij genieten van ware vrijheid, omdat zij begrijpen dat de wet van God de doorgang is tot zegeningen. Ze kunnen van de vrijheid genieten, zoals walvissen die rondzwemmen in de oceaan en zoals arenden die vliegen in de lucht.

De wet van God kan voornamelijk worden onderverdeeld in vier dingen. Het zegt ons om bepaalde dingen te doen, niet te doen, te onderhouden en te verwerpen. Terwijl de dagen voorbij gaan, wordt de wereld in toenemende mate bezoedeld met zonden en het kwade, en om die reden voelen mensen zich in toenemende mate drukkend over de wet van God en onderhouden het niet. De mensen van Israël, tijdens het Oude Testament, leden op grote wijze, wanneer zij de Wet van Mozes niet onderhielden.

Dus, zond God Jezus naar deze aarde en zette iedereen vrij van de vloek van de Wet. De zondeloze Jezus stierf aan het kruis, en iedereen die in Hem gelooft kan gered worden door geloof. Wanneer mensen de gave van de Heilige Geest ontvangen, nadat zij Jezus Christus hebben aangenomen, worden zij kinderen van God, en kunnen zij ook de vruchten van de Heilige Geest dragen door de leiding van de Heilige Geest.

Wanneer de Heilige Geest in ons hart komt, helpt hij ons de diepe dingen van God begrijpen en leven door het Woord van God. Bijvoorbeeld, wanneer er iemand is die wij niet echt kunnen vergeven, dan herinnert Hij ons de vergeving en de liefde van de Here, en helpt Hij ons om die persoon te vergeven. Dan, kunnen wij snel het kwade verwerpen uit ons hart en het vervangen met goedheid en liefde. Op die manier, als wij de vruchten van de Heilige Geest dragen door de leiding van de Heilige Geest, zullen wij niet alleen van de vrijheid genieten in de waarheid, maar zullen wij ook overvloedige liefde en zegeningen van God ontvangen.

Door de vruchten van de Geest, kunnen wij onszelf onderzoeken hoe geheiligd wij zijn en hoe wij dichter kunnen komen bij de troon van God, en hoeveel wij ons hart nog moeten ontwikkelen om te lijken op het hart van de Here, die onze Bruidegom is. Des te meer vruchten van de Geest wij dragen, des te stralender en des te mooier de hemelse verblijfplaats zal zijn die wij zullen binnengaan. Om in het Nieuwe Jeruzalem, in de Hemel te komen, moeten wij alle vruchten volledig en mooi dragen, en niet slechts enkele vruchten.

    Dit werk *Tegen Zodanige Mensen Is De Wet Niet* laat u gemakkelijk de geestelijke betekenissen van de negen vruchten van de Heilige Geest begrijpen, samen met specifieke voorbeelden. Samen met de Geestelijke Liefde in 1 Korintiërs 13, en de Zaligspreking in Mattheüs 5, zijn de vruchten van de Heilige Geest een wegwijzer die ons leidt naar het juiste geloof. Ze zullen ons leiden totdat we de uiteindelijke bestemming van ons geloof, het Nieuwe Jeruzalem hebben bereikt.

    Ik geef mijn dank aan Geumsun Vin, de directeur van de uitgeverij en het personeel, en ik bid in de naam van de Here, dat u snel de negen vruchten van de Heilige Geest mag dragen door dit boek, zodat u kunt genieten van ware vrijheid en burgers kunt worden van het Nieuwe Jeruzalem.

Jaerock Lee

Introductie

Een wegwijzer op onze geloofsreis
Naar het Nieuwe Jeruzalem in de Hemel

Iedereen is druk in deze moderne wereld. Ze werken en zwoegen om vele dingen te bezitten en er van te genieten. En toch, hebben sommige mensen enkele levensdoelen van zichzelf, ondanks de trend van de wereld, maar zelfs deze mensen vragen zich van tijd tot tijd af of ze al dan niet een gepast leven leven. Dan kijken ze misschien op dat punt terug naar hun leven. In onze reis van geloof, kunnen wij sneller groeien en een kortere weg nemen naar het koninkrijk van de Hemel, wanneer wij onszelf onderzoeken met het Woord van God.

Hoofdstuk 1, 'Om de vruchten van de Geest te dragen' geeft uitlegt over de Heilige Geest die de dode geest opwekt, welke doodging door de zonde van Adam. Het zegt ons dat we de vruchten van de Heilige Geest overvloedig kunnen dragen wanneer we de verlangens van de Heilige Geest volgen.

Hoofdstuk 2 'Liefde' vertelt ons wat de eerste vrucht van de Geest 'Liefde' inhoud. Het laat ons ook enkele corrupte vormen van liefde zien sinds de val van Adam, en laat ons de manieren zien om de liefde te ontwikkelen welke welgevallig is voor God.

Hoofdstuk 3, 'Blijdschap' vertelt ons dat vreugde de hoofdstandaard is waarmee wij kunnen onderzoeken of ons geloof gepast is en het legt ons de redenen uit waarom wij de vreugde van onze eerste liefde hebben verloren. Het informeert ons over de drie manieren om de vrucht van blijdschap te dragen, waarmee wij ons kunnen verblijden en verheugen in alle omstandigheden en situaties.

Hoofdstuk 4 'Vrede' zegt dat het belangrijk is om de muren van zonde neer te halen om vrede met God te hebben, en dat we de vrede met onszelf alsook met anderen moeten bewaren. Het laat ons ook de belangrijkheid zien om woorden van goedheid te spreken en te denken over de mening van andere mensen in het proces van vredestichten.

Hoofdstuk 5 'Lankmoedigheid' legt ons uit dat echt geduld niet alleen het onderdrukken van moeilijke gevoelens is, maar om geduldig te zijn met een goed hart dat vrij is van zonden, en dat we grote zegeningen zullen krijgen wanneer we echte vrede hebben. Het onderzoekt ook drie soorten van lankmoedigheid: Lankmoedigheid om iemands hart te veranderen; lankmoedigheid met mensen; lankmoedigheid met betrekking tot God.

Hoofdstuk 6 'Vriendelijkheid' onderwijst ons wat voor soort persoon de vriendelijkheid heeft met het voorbeeld van de Heer. Kijkend naar de kenmerken van vriendelijkheid, vertelt het ons ook de verschillen van 'liefde'. Tot slot, laat het ons een weg zien om de liefde en zegeningen van God te ontvangen.

Hoofdstuk 7 'Goedheid' vertelt ons over het hart van goedheid met het voorbeeld van de Heer, die geen ruzie maakte of schreeuwde; noch het geknakte riet verbrak noch de walmende vlaspit doofde. Het onderscheid ook goedheid van de andere vruchten zodat we de vrucht van goedheid kan dragen en laat ons ook de verscheidenheid zien van de andere vruchten zodat we de vruchten van goedheid kunnen dragen en de geur van Christus kunnen uitdragen.

Hoofdstuk 8 'Trouw' leert ons over het soort van zegeningen die we ontvangen wanneer we getrouw zijn in geheel Gods huis. Met de voorbeelden van Mozes en Jozef, laat het ons begrijpen wat voor soort persoon de vrucht van trouw heeft gedragen.

Hoofdstuk 9 'Zachtmoedigheid' legt ons de betekenis van zachtmoedigheid uit in de ogen van God en beschrijft de kenmerken van degenen die de vrucht van zachtmoedigheid dragen. Het geeft ook de illustratie van de vier soorten van gebieden weer van wat wij moeten doen om de vrucht van zachtmoedigheid te dragen. Het vertelt ons uiteindelijk over de zegeningen van de zachtmoedigen.

Hoofdstuk 10 'Zelfbeheersing' demonstreert de reden waarom zelfbeheersing als laatste vrucht vermeld staat onder de negen vruchten van de Heilige Geest, alsook de belangrijkheid van zelfbeheersing. De vrucht van zelfbeheersing is een onmisbaar ding, welke de beheersing uitoefent over alle andere acht vruchten van de Heilige Geest.

Hoofdstuk 11, 'Tegen zodanige mensen is de wet niet' is het slot van dit boek, welke ons de belangrijkheid laat begrijpen van het volgen van de Heilige Geest, en wenst dat alle lezers snel geest vervulde mensen worden door de hulp van de Heilige Geest.

We kunnen niet zeggen dat wij een groot geloof hebben, omdat we gedurende een lange periode gelovigen zijn geweest, of omdat we buitengewone kennis van de Bijbel hebben. De mate van geloof wordt onderscheiden door de mate waarin wij onze harten hebben veranderd in het hart van waarheid en hoeveel wij het hart van de Here hebben ontwikkeld.

Ik hoop dat alle lezers in staat zullen zijn om hun geloof te onderzoeken en overvloedig de negen vruchten van de Heilige Geest zullen dragen door de leiding van de Heilige Geest.

Geumsun Vin,
Directeur van de uitgeverij

INHOUDSOPGAVE
Tegen Zodanige Mensen Is De Wet Niet

Voorwoord · vii

Introductie · xi

Hoofdstuk 1
Om de vruchten van de Geest te dragen   1

Hoofdstuk 2
Liefde   15

Hoofdstuk 3
Blijdschap   31

Hoofdstuk 4
Vrede   53

Hoofdstuk 5
Lankmoedigheid   75

Hoofdstuk 6

Vriendelijkheid　　97

Hoofdstuk 7

Goedheid　　115

Hoofdstuk 8

Trouw　　135

Hoofdstuk 9

Zachtmoedigheid　　155

Hoofdstuk 10

Zelfbeheersing　　181

Hoofdstuk 11

Tegen zodanige mensen is de wet niet　　197

Galaten 5:16-21

"Dit bedoel ik: wandelt door de Geest en voldoet niet aan het begeren van het vlees. Want het begeren van het vlees gaat in tegen de Geest en dat van de Geest tegen het vlees – want deze staan tegenover elkander – zodat gij niet doet wat gij maar wenst. Indien gij u echter door de Geest laat leiden, dan zijt gij niet onder de wet. Het is duidelijk, wat de werken van het vlees zijn: hoererij, onreinheid, losbandigheid, afgoderij, toverij, veten, twist, afgunst, uitbarstingen van toorn, zelfzucht, tweedracht, partijschappen, nijd, dronkenschap, brasserijen en dergelijke, waarvoor ik u waarschuw, zoals ik u gewaarschuwd heb, dat wie dergelijke dingen bedrijven, het Koninkrijk Gods niet zullen beërven."

Hoofdstuk 1

Om de vruchten van de Geest te dragen

De Heilige Geest wekt de dode geest op

Om de vruchten van de Geest te dragen

De verlangens van de Heilige Geest en de verlangens van het vlees

Laat ons de moed niet verliezen om het goede te doen

Om de vruchten
van de Geest te dragen

Wanneer chauffeurs kunnen rijden op een vrije snelweg, dan voelt het als iets verfrissends. Maar als ze voor de eerste keer door dat gebied rijden, zouden ze toch nog extra voorzichtig en aandachtig moeten zijn. Maar wat nu als ze een navigatiesysteem in de auto hebben? Ze kunnen gedetailleerde weginformatie en juiste begeleiding krijgen, zodat zij hun bestemming kunnen bereiken, zonder verloren te rijden.

Onze reis van geloof op onze weg naar het koninkrijk van de hemel is gelijkaardig. Voor degenen die in God geloven en door Zijn Woord leven, zij worden van te voren beschermd en geleid door de Heilige Geest, zodat ze vele obstakels en moeilijkheden in het leven kunnen vermijden. De Heilige Geest leidt ons naar de kortste en gemakkelijkste weg van onze bestemming, het koninkrijk van de Hemel.

De Heilige Geest wekt de dode geest op

De eerste mens, Adam, was een levende geest toen God hem vormde en in zijn neus de levensadem blies. De "levensadem" is de "kracht beheerst in het oorspronkelijke licht" en het werd aan Adam's nakomelingen doorgegeven terwijl zij leefden in de Hof van Eden.

Toen Adam en Eva echter de zonde van ongehoorzaamheid begingen en naar deze aarde werden verdreven, waren de dingen niet langer hetzelfde. God nam de levensadem van Adam en Eva weg en liet slechts een spoor ervan achter, en dit is het "zaad des levens." En dit zaad des levens kan niet worden overgedragen van Adam en Eva naar hun kinderen.

Dus vanaf de zesde maand van de zwangerschap, plaatst God het zaad des levens in de geest van de baby en plant het in de kern van een cel dat in het hart is, welke het centrale deel van een menselijk wezen is. In het geval van degenen die Jezus Christus niet hebben aangenomen, blijft het zaad des levens inactief net zoals een zaad dat bedekt is door een harde peul. We zeggen dat de geest dood is, terwijl het zaad des levens inactief is. Zolang de geest dood blijft, kan iemand noch eeuwig leven verkrijgen noch het hemelse koninkrijk binnengaan.

Sinds de val van Adam, zijn alle mensen bestemd om te sterven. Voor hen om eeuwig leven te verkrijgen, moeten zij vergeving hebben ontvangen van hun zonden, welke de oorspronkelijke oorzaak van dood is, en hun dode geesten moeten opgewekt zijn. Om deze reden zond God Zijn eniggeboren Zoon, Jezus naar deze aarde als verzoening en opende de weg van redding. Dat wil zeggen, dat Jezus alle zonden van de gehele mensheid op Zich nam en aan het kruis stierf, om onze dode geest op te wekken. Hij werd de weg, de waarheid en het leven voor alle mensen om het eeuwige leven te verkrijgen.

Daarom wanneer wij Jezus Christus aannemen als onze persoonlijke Redder, zijn onze zonden vergeven; worden wij Gods kinderen en ontvangen wij de gave van de Heilige Geest. Met de kracht van de Heilige Geest, ontwaakt het zaad des levens, welke slapend bleef, bedekt door een harde peul, en wordt actief. Dit is wanneer de dode geest wordt opgewekt. Hierover zegt Johannes 3:6, *"...dat wat geboren is uit de Geest is Geest."* Een zaad dat uitbot, kan alleen groeien wanneer het voorzien wordt met water en zonlicht. Op dezelfde manier, moet het zaad des levens worden voorzien van geestelijk water en licht zodat het kan groeien nadat het is ontkiemt. Dat wil zeggen, om onze geest te laten groeien, moeten wij het Woord van God leren, welke het geestelijke water is, en moeten wij handelen naar het Woord van God, wat het geestelijke licht is.

De Heilige Geest die in onze harten is gekomen, overtuigt ons van zonde, gerechtigheid en oordeel. Hij helpt ons om de zonden en wetteloosheid te verwerpen en te leven in gerechtigheid. Hij geeft ons kracht zodat wij kunnen denken, spreken en handelen in de waarheid. Hij helpt ons ook om een leven in geloof te leiden, waarbij wij geloof en hoop hebben voor het Hemelse koninkrijk, zodat onze geest goed kan groeien. Laat mij een duidelijke illustratie aan u geven, zodat u het beter begrijpt.

Veronderstel dat er een kind was die werd opgevoed in een gelukkig gezin. Op een dag ging hij een berg op en kijkend naar het tafereel, schreeuwde hij, "Yahoo!" Maar toen, herhaalde iemand op precies dezelfde manier hetzelfde, zeggende "Yahoo!" Verbaasd, vroeg de jongen, "Wie bent u?" en de andere herhaalt na hem. De jongen werd boos dat de persoon hem imiteerde, en hij zei, "Probeert u ruzie met mij te krijgen?" en dezelfde woorden kwamen tot hem terug. Hij voelde plotseling alsof iemand naar hem keek en werd bang.

Hij ging snel van de berg naar beneden en vertelde het aan zijn moeder. Hij zei, "Mama, er is een echte slechte jongen in de bergen." Maar zijn moeder zei met een vriendelijke glimlach, "Ik denk dat de jongen in de bergen een goede jongen is, en hij wel uw vriend kan worden. Waarom ga je morgen niet terug naar de berg en zegt dat het je spijt?" De volgende morgen ging de jongen terug naar de top van de berg en schreeuwde met luide stem, "Het spijt mij van gisteren! Waarom wordt u niet mijn vriend?"

Hetzelfde antwoord kwam terug.

De moeder liet haar jonge zoon beseffen dat het hemzelf was. En de Heilige Geest helpt ons in onze reis van geloof als een vriendelijke moeder.

Om de vruchten van de Geest te dragen

Wanneer een zaad wordt gezaaid, bot het uit, groeit het op en bloesemt het, en na de bloesem komt het resultaat, welke de vruchten zijn. Evenzo, wanneer het zaad des levens, welke door God in ons geplant is, zich ontkiemt door de Heilige Geest, komt het op en draagt het de vruchten van de Heilige Geest. Echter, niet iedereen die de Heilige Geest heeft ontvangen, draagt de vruchten van de Heilige Geest. We kunnen alleen de vruchten van de Heilige Geest dragen, wanneer wij de leiding van de Heilige Geest volgen.

De Heilige Geest kan vergeleken worden met een kracht generator. Elektriciteit kan gegenereerd worden wanneer de generator draait. Wanneer deze generator verbonden is met een gloeilamp en deze van elektriciteit voorziet, zal de gloeilamp licht uitstralen. Wanneer er licht is, gaat de duisternis weg. Op dezelfde wijze, wanneer de Heilige Geest in ons werkt, gaat de duisternis in ons weg, omdat het licht in ons hart komt. Dan, kunnen we de vruchten van de Heilige Geest dragen.

Tussen twee haakjes, er is hier een heel belangrijk ding. Voor de gloeilamp om het licht uit te stralen, als het niet verbonden wordt met de generator, zal het niets doen. Iemand moet de generator aanzetten. God heeft ons de generator gegeven, genaamd de

Heilige Geest, en het is aan ons om die generator, de Heilige Geest te laten lopen.

Voor ons om de generator van de Heilige Geest te laten lopen, moeten wij alert zijn en vurig bidden. We moeten de leiding van de Heilige Geest gehoorzamen om de waarheid te volgen. Wanneer we de leiding en aansporing van de Heilige Geest volgen, zeggen wij dat we het verlangen van de Heilige Geest volgen. We zullen gevuld zijn met de Heilige Geest, wanneer wij ijverig de verlangens van de Heilige Geest volgen, en door zo te doen, zullen onze harten veranderen met de waarheid. We zullen de vruchten van de Heilige Geest dragen, wanneer we de volheid van de Heilige Geest krijgen.

Wanneer we de hele zondevolle natuur verwerpen van ons hart en een hart van de Geest ontwikkelen door de hulp van de Heilige Geest, zullen de vruchten van de Heilige Geest hun vormen beginnen te laten zien. Maar net zoals de snelheid van de rijping en de grote van de druiven, in een tros verschillend zijn, kunnen sommige vruchten van de Heilige Geest volledig rijp zijn, terwijl de andere vruchten van de Heilige Geest dat nog niet zijn. Iemand kan de vrucht van liefde overvloedig dragen, terwijl zijn vrucht van zelfbeheersing nog niet rijp genoeg is. Of iemands vrucht van trouw is volledig rijp, terwijl zijn vrucht van vriendelijkheid nog niet rijp is.

Niettegenstaande dat, terwijl de tijd verstrijkt, zou elke druif volledig rijp moeten worden, en zal de volledig tros vol zijn van grote, donker paarse druiven. Op gelijke wijze, wanneer wij alle vruchten van de Heilige Geest volledig dragen, betekent het dat wij een volkomen Geest vervuld persoon zijn geworden, welke

God verlangt om deze veel te krijgen. Zo'n mensen zullen de geur van Christus uitdragen, in elk aspect van hun leven. Ze zullen duidelijk de stem van de Heilige Geest horen en de kracht van de Heilige Geest laten zien om God te verheerlijken. Omdat zij volledig op God gelijken, zullen zij de kwalificaties ontvangen om het Nieuwe Jeruzalem binnen te gaan, waar de troon van God is.

De verlangens van de Heilige Geest en de verlangens van het vlees

Wanneer wij proberen om het verlangen van de Heilige Geest te volgen, is er ook een ander soort verlangen dat ons verstoord. Het is het verlangen van het vlees. De verlangens van het vlees volgen de leugen, welke in tegenstelling zijn tot het Woord van God. Ze laten ons dingen nemen zoals de begeerte van het vlees, de begeerte van de ogen, en een hovaardig leven. Ze laten ons ook zondigen en de ongerechtigheid en wetteloosheid uitvoeren.

Onlangs, kwam er een man naar mij toe met het verzoek om voor hem te bidden, dat hij zou stoppen met het kijken naar onzedelijke dingen. Hij zei dat wanneer hij de eerste keer deze dingen begon te kijken, het niet was om ervan te genieten, maar om te begrijpen hoe zulke dingen mensen beïnvloed. Maar nadat hij het een keer had gekeken, werd hij voortdurend herinnerd aan die scenes, en wilde hij er nog een keer naar kijken. Maar vanbinnen, voelde hij de aansporing van de Heilige Geest, om het niet te doen, en hij voelde zich bezwaard.

In dit geval, was zijn hart verontrust door de begeerte van de ogen, namelijk de dingen die hij zag en hoorde met zijn ogen en oren. Wanneer we de begeerte van onze vlees niet afsnijden, maar deze blijven accepteren, zullen wij spoedig de leugenachtige dingen twee, drie en vier keer nemen, en het aantal zal blijven toenemen.

Om die reden zegt Galaten 5:16-18, *"Dit bedoel ik: wandelt door de Geest en voldoet niet aan het begeren van het vlees. Want het begeren van het vlees gaat in tegen de Geest en dat van de Geest tegen het vlees – want deze staan tegenover elkander – zodat gij niet doet wat gij maar wenst. Indien gij u echter door de Geest laat leiden, dan zijt gij niet onder de wet."*

Aan de ene kant, wanneer wij de verlangens van de Heilige Geest volgen, hebben wij vrede in ons hart en zullen wij vreugdevol zijn omdat de Heilige Geest zich verblijd. Aan de andere kant, wanneer wij de begeerte van het vlees volgen, zullen onze harten bezwaard zijn omdat de Heilige Geest in ons weeklaagt. We zullen ook de volheid van de Geest verliezen, dus wordt het in toenemende mate moeilijk voor ons om de verlangens van de Heilige Geest te volgen.

Paulus sprak hierover in Romeinen 7:22-24, zeggende, *"Want naar de inwendige mens verlustig ik mij in de wet Gods, maar in mijn leden zie ik een andere wet, die strijd voert tegen de wet van mijn verstand en mij tot krijgsgevangene maakt van de wet der zonde, die in mijn leden is. Ik, ellendig mens! Wie zal mij verlossen uit het lichaam dezes doods?"* Overeenkomstig of wij al dan niet de verlangens van de Heilige Geest volgen of die van het vlees, kunnen wij of kinderen van God worden die gered zijn, of kinderen van de duisternis, die de weg van de dood gaan.

Galaten 6:8 zegt, *"Want wie op (de akker van) zijn vlees*

zaait, zal uit zijn vlees verderf oogsten, maar wie op (de akker van) de Geest zaait, zal uit de Geest eeuwig leven oogsten." Wanneer wij de begeerten van het vlees volgen, zullen wij alleen maar de werken van het vlees doen, welke zonden en wetteloosheid zijn, en uiteindelijk zullen wij het koninkrijk van de Hemel niet kunnen binnengaan (Galaten 5:19-21). Maar wanneer wij de verlangens van de Heilige Geest volgen, zullen wij de negen vruchten van de Heilige Geest dragen (Galaten 5:22-23).

Laat ons de moed niet verliezen om het goede te doen

We dragen de vruchten van de Geest en worden echte kinderen van God, tot de mate dat wij handelen met geloof, volgende de Heilige Geest. In het hart van mensen, is er een hart van waarheid en een hart van leugen. Het hart van waarheid leidt ons tot het volgen van de verlangens van de Heilige Geest en het leven door het Woord van God. Het hart van leugen, laat ons de begeerten van het vlees volgen, en leven in de duisternis.

Bijvoorbeeld, het heiligen van de Dag des Heren, is een van de Tien Geboden, welke Gods kinderen moeten bewaren. Maar een gelovige, die een winkel heeft en een zwak geloof heeft, zal misschien een tweestrijd in zijn hart hebben denkende dat hij zijn winst zal verliezen als hij zijn winkel op zondag sluit. Hier zal het verlangen van het vlees hem laten denken, 'Wat als ik de winkel nu om de week sluit? Of wat als ik op zondagochtend naar de kerk ga en mijn vrouw gaat naar de avonddienst, dan houden we afwisselend de winkel open?' Maar het verlangen van de Heilige

Geest zou hem helpen om het woord van God te gehoorzamen, door hem een begrip te geven als, "Wanneer ik de Dag van de Here heilig, zal God mij meer winst geven, dan wanneer ik de winkel op zondag open."

De Heilige Geest helpt in onze zwakheden en doet voorbede voor ons met een kreunen dat te diep is voor woorden (Romeinen 8:26). Wanneer wij de waarheid uitoefenen, terwijl wij de hulp van de Heilige Geest volgen, zullen wij vrede in ons hart hebben, en zal ons geloof dag na dag groeien.

Het Woord van God dat in de Bijbel is opgeschreven is de waarheid, die nooit veranderd; het is de goedheid zelf. Het geeft eeuwig leven aan Gods kinderen, en het is het licht dat hen leidt naar het eeuwige geluk en vreugde. Gods kinderen die geleidt worden door de Heilige Geest zouden hun vlees samen met hun verlangens en begeerten moeten kruisigen. Ze zouden ook de verlangens van de Heilige Geest moeten volgen overeenkomstig het Woord van God en de moed niet moeten verliezen om het goede te doen.

Mattheüs 12:35 zegt, *"Een goed mens brengt uit zijn goede schat goede dingen voort, en een slecht mens uit zijn boze schat boze dingen."* Dus wij moeten het boze uit ons hart verwerpen door vurig te bidden en door de goede werken te verzamelen.

En Galaten 5:13-15 zegt, *"Want gij zijt geroepen, broeders, om vrij te zijn; (gebruikt) echter die vrijheid niet als een aanleiding voor het vlees, maar dient elkander door de liefde. Want de gehele wet is in één woord vervuld, in dit: gij zult uw naaste liefhebben als uzelf. Indien gij echter elkander bijt en vereet, ziet dan toe, dat gij niet door elkander verslonden wordt."* En Galaten 6:1-2 zegt, *"Broeders, zelfs indien iemand op een overtreding betrapt wordt, helpt gij, die geestelijk zijt, hem terecht in een geest van zachtmoedigheid, ziende op uzelf; gij mocht ook eens in verzoeking komen. Verdraagt elkanders moeilijkheden; zó zult gij de wet van Christus vervullen."*

Wanneer wij zo'n Woorden van God, zoals hierboven volgen, kunnen wij de vruchten van de Geest overvloedig dragen en Geest vervulde mensen worden en volkomen van de Geest. Dan, zullen wij alles wat wij in ons gebed vragen ontvangen en zullen wij het Nieuwe Jeruzalem in het Eeuwige koninkrijk van de Hemel binnen gaan.

Tegen Zodanige Mensen Is De Wet Niet

1 Johannes 4:7-8

"Geliefden, laten wij elkander liefhebben,

want de liefde is uit God; en een ieder, die liefheeft,

is uit God geboren en kent God.

Wie niet liefheeft, kent God niet, want God is liefde."

Hoofdstuk 2

Liefde

Het hoogste niveau van geestelijke liefde
Vleselijke liefde verandert na verloop van tijd
Geestelijke liefde geeft zijn eigen leven op
Ware liefde voor God
Om de vrucht van liefde te dragen

Liefde

Liefde is krachtiger dan mensen zich kunnen voorstellen. Met de kracht van liefde, kunnen wij degenen redden die anders verlaten zijn door God en op de weg van de dood gaan. Liefde kan hen nieuwe kracht en moed geven. Wanneer wij de fouten van andere mensen bedekken met de kracht van liefde, zullen er ontzagwekkende veranderingen plaatsvinden en zullen grote zegeningen worden gegeven, omdat God te midden van goedheid, liefde, waarheid en gerechtigheid werkt.

Een bepaalde sociologisch onderzoeksteam deed een proef op 200 studenten, die in verarmde omgevingen waren in de stad van Baltimore. Het team concludeerde dat die studenten weinig kans en weinig hoop op succes hadden. Maar ze deden een nieuw onderzoek op dezelfde studenten, 25 jaar later, en de resultaten waren verbazend. 176 van de 200 werden sociale succesvolle personen, zoals advocaten, medische dokters, predikers of zakenman. Natuurlijk vroegen de onderzoekers hoe ze in staat waren geweest om zo'n ongunstige omgeving, waar zij in waren, te overwinnen, en ze noemden allemaal de naam van een specifiek leraar. Deze leraar werd gevraagd hoe het mogelijk was om zo'n ontzagwekkende verandering teweeg te brengen, en hij zei, "Ik hield van hen, en dat wisten ze heel goed."

Wat is nu liefde, de eerste vrucht van de negen vruchten van de Heilige Geest?

Het hoogste niveau van geestelijke liefde

In 't algemeen kan liefde worden onderverdeeld in vleselijke liefde en geestelijke liefde. Vleselijke liefde zoekt iemands eigen voordeel. Het is nietszeggende liefde die na verloop van tijd zal veranderen. Geestelijke liefde, echter, zoekt het voordeel van anderen en zal in geen enkele omstandigheid veranderen. 1 Korintiërs 13 legt deze geestelijke liefde tot in detail uit.

"De liefde is lankmoedig, de liefde is goedertieren, zij is niet afgunstig, de liefde praalt niet, zij is niet opgeblazen, zij kwetst niemands gevoel, zij zoekt zichzelf niet, zij wordt niet verbitterd, zij rekent het kwade niet toe. Zij is niet blijde over ongerechtigheid, maar zij is blijde met de waarheid. Alles bedekt zij, alles gelooft zij, alles hoopt zij, alles verdraagt zij" (vv. 4-7).

Hoe is dan de vrucht van liefde in Galaten 5 verschillend van de geestelijke liefde in 1 Korintiërs 13? De liefde als vrucht van de Heilige Geest bevat opofferende liefde waarmee iemand zijn eigen leven kan geven. Het is liefde dat op een hoger niveau is dan de liefde in 1 Korintiërs 13. Het is het hoogste niveau van geestelijke liefde.

Wanneer wij de vrucht van liefde dragen en ons leven kunnen offeren voor anderen, dan kunnen we alles en iedereen liefhebben. God hield zoveel van ons met alles en de Here hield van ons met Zijn hele leven. Wanneer wij deze liefde in ons hebben, kunnen wij ons leven offeren voor God, Zijn koninkrijk en Zijn gerechtigheid. Bovendien, omdat we van God houden, kunnen we ook het hoogste niveau van liefde hebben om ons leven te geven, niet alleen voor andere broeders, maar zelfs voor onze vijanden, die ons haten.

1 Johannes 4:20-21 zegt, *"Indien iemand zegt: Ik heb God lief, doch zijn broeder haat, dan is hij een leugenaar; want wie zijn broeder, die hij gezien heeft, niet liefheeft, kan (ook) God, die hij niet gezien heeft, niet liefhebben. En dit gebod hebben wij van Hem: Wie God liefheeft, moet ook zijn broeder liefhebben."* Dus, wanneer wij God liefhebben, zullen wij van iedereen houden. Wanneer we zeggen dat we God liefhebben, terwijl we iemand haten, dan is dat een leugen.

Vleselijke liefde verandert na verloop van tijd

Toen God de eerste mens, Adam schiep, hield God van hem met geestelijke liefde. Hij maakte een mooie tuin in het oosten, in Eden, en liet hem daar leven zonder enig gebrek. God wandelde met hem. God gaf hem niet alleen de Hof van Eden, welke een uitstekende leefomgeving was, maar ook de autoriteit om alles op deze aarde te onderwerpen en erover te heersen.

God gaf Adam overvloedige, geestelijke liefde. Maar Adam kon niet echt Gods liefde voelen. Adam had nooit haat of vleselijke liefde ervaren die veranderd, dus hij besefte niet hoe kostbaar Gods liefde was. Na een lange, lange periode, werd Adam verzocht door de slang en werd ongehoorzaam aan het Woord van God. Hij at van de vrucht die God had verboden (Genesis 2:17; 3:1-6).

Als gevolg, kwam de zonde in het hart van Adam, en werd hij een vleselijk mens, die niet langer met God kon communiceren. God kon hem ook niet langer laten leven in de Hof van Eden, en hij werd naar deze aarde verdreven. Terwijl zij door de menselijke ontwikkeling gingen (Genesis 3:23), gingen alle mensen, die nakomelingen van Adam zijn, relativiteit kennen en ervaren door de tegengestelde dingen van liefde te ervaren, die ze kenden in de Hof van Eden, zoals haat, na-ijver, pijn, zorgen, ziekte en kwetsuren. Ondertussen, werden ze in toenemende mate verwijderd van de geestelijke liefde. Terwijl hun harten corrupt werden en veranderden in vleselijke harten mede door hun zonden, werd hun liefde ook vleselijke liefde.

Er is zoveel tijd voorbij gegaan sinds de val van Adam, het is zelfs nog moeilijker om geestelijke liefde in deze wereld te vinden. Mensen drukken hun liefde op verschillende manieren uit, maar hun liefde is enkel vleselijke liefde en veranderd na verloop van tijd. Terwijl de tijd verder gaat en situaties en voorwaarden veranderen, veranderen zij hun gedachten en verraden hun geliefden, terwijl ze hun eigen voordeel volgen. Ze geven ook alleen maar wanneer anderen eerst geven of wanneer het geven hen voordeel brengt. Als u net zoveel terug wil ontvangen als dat u hebt gegeven, of wanneer u teleurgesteld wordt wanneer anderen u niet teruggeven wat u wilde of verwachtte, is het ook vleselijke liefde.

Wanneer een man en een vrouw met elkaar uitgaan, zeggen ze misschien dat ze "voor altijd van elkaar gaan houden" en dat ze "niet zonder elkaar kunnen leven." In vele gevallen echter, veranderen zij hun gedachten nadat zij getrouwd zijn. Naarmate de tijd vordert, beginnen zij dingen te zien die ze niet leuk vinden van hun echtgenoot. In het verleden, zag alles er goed uit, en ze probeerden elkaar in alle dingen te behagen, maar dat kunnen ze nu niet meer. Ze mokken of geven elkaar een moeilijke tijd. Ze worden misschien boos als hun echtgenoot niet doet wat zij willen doen. Slechts enkele tientallen jaren geleden, was echtscheiding een zeldzame gebeurtenis, maar nu is het zo gemakkelijk geworden om te scheiden en snel na de echtscheiding lijken velen te hertrouwen met iemand anders. En toch, zeggen ze elke keer dat ze echt van de andere persoon houden. Het is heel typisch voor vleselijke liefde.

Liefde tussen ouders en kinderen is niet veel anders. Natuurlijk, zouden sommige ouders zelfs hun eigen leven geven voor hun kinderen, maar zelfs wanneer zij dat doen, is het geen geestelijke liefde, als ze alleen maar zo'n liefde geven aan hun eigen kinderen. Als wij geestelijke liefde hebben, kunnen wij zo'n liefde niet alleen geven aan onze eigen kinderen, maar aan iedereen. Maar terwijl de wereld in toenemende mate slechter wordt, is het heel zeldzaam om ouders te vinden die hun eigen leven offeren voor hun eigen kinderen. Vele ouders en kinderen hebben vijandschap vanwege financieel voordeel of mede door onenigheid in meningen.

Hoe staat het dan met de liefde tussen broers, zussen of vrienden? Vele broeders worden als vijanden als ze worden betrokken in sommige financiële zaken. Het zelfde ding gebeurt vaak met vrienden. Ze houden van elkaar wanneer dingen goed gaan en wanneer ze het over iets eens zijn. Maar hun liefde kan op elk moment veranderen, wanneer dingen veranderen. Ook, in de meeste gevallen willen mensen net zoveel terugontvangen als zij hebben gegeven. Wanneer zij gepassioneerd zijn, zullen zij willen geven zonder er iets voor terug te willen. Maar wanneer de passie afkoelt, hebben ze spijt over het feit dat zij hebben gegeven zonder er iets voor terug te krijgen. Het betekent, dat ze achteraf toch iets ervoor terug wilden. Dit soort van liefde is vleselijke liefde.

Geestelijke liefde geeft zijn eigen leven op

Het is ontroerend wanneer iemand zijn eigen leven geeft voor iemand anders die hij liefheeft. Maar, als wij weten dat wij ons leven moeten geven voor iemand anders, wordt het moeilijk voor ons om die persoon lief te hebben. Op die manier is de menselijke liefde beperkt.

Er was een koning die een liefelijke zoon had. In zijn koninkrijk, was er een bekende moordenaar die ter dood veroordeeld was. De enige manier om de veroordeelde te laten leven is dat iemand in zijn plaats zou sterven. Kan deze koning hier zijn onschuldige zoon opgeven om te sterven voor de moordenaar? Zo iets is nooit gebeurd in de menselijke geschiedenis. Maar God, de Schepper, die niet vergeleken kan worden met enige koning van deze aarde, gaf Zijn enig geboren Zoon voor ons. Hij hield zoveel van ons (Romeinen 5:8).

Mede door de zonde van Adam, moesten alle mensen de weg van de dood gaan om het loon van de zonde te betalen. Om de mensheid te redden en hen naar de Hemel te leiden, moest hun zondeprobleem worden opgelost. Om dit probleem van zonde op te lossen, dat tussen God en de mensheid stond, zond God Zijn eniggeboren Zoon, Jezus, om de prijs van hun zonden te betalen. Galaten 3:13 zegt, *"Vervloekt is een ieder, die aan het hout hangt."* Jezus werd aan een houten kruis gehangen om ons vrij te zetten van de vloek van de wet dat zegt, *"Het loon van de zonde is de dood"* (Romeinen 6:23). Ook, omdat er geen vergeving is, zonder het vergieten van bloed (Hebreeën 9:22), liet Hij al Zijn water en bloed vloeien. Jezus ontving de straffen in onze plaats, en iedereen die in Hem gelooft, kan vergeving van zijn zonden ontvangen en het eeuwige leven verkrijgen.

God wist dat de zondaren Jezus, die de Zoon van God is, zouden vervolgen, bespotten en uiteindelijk zouden kruisigen. Niettemin, om de zondige mensen te redden, die bestemd waren om in de eeuwige dood te vallen, zond God Jezus naar deze aarde.

1 Johannes 4:9-10 zegt, *"Hierin is de liefde Gods jegens ons geopenbaard, dat God zijn eniggeboren Zoon gezonden heeft in de wereld, opdat wij zouden leven door Hem. Hierin is de liefde, niet dat wij God liefgehad hebben, maar dat Hij ons heeft liefgehad en zijn Zoon gezonden heeft als een verzoening voor onze zonden."*

God bevestigde Zijn liefde voor ons door Zijn eniggeboren Zoon Jezus te geven om te hangen aan het kruis. Jezus toonde Zijn liefde door Zichzelf aan het kruis te offeren om de mensheid te verlossen van hun zonden. Deze liefde van God, die God liet zien door Zijn Zoon te geven, is de eeuwige, onveranderlijke liefde, dat Zijn hele leven gaf, zelfs tot de laatste druppel bloed.

Ware liefde voor God

Kunnen wij ook zo'n niveau van liefde bezitten? 1 Johannes 4:7-8 zegt, *"Geliefden, laten wij elkander liefhebben, want de liefde is uit God; en een ieder, die liefheeft, is uit God geboren en kent God. Wie niet liefheeft, kent God niet, want God is liefde."*

Als we het niet alleen als hoofdkennis weten, maar diep in onze harten het soort van liefde voelen die God aan ons gegeven heeft, zullen wij op natuurlijke wijze God werkelijk liefhebben. In ons Christelijke leven, hebben we misschien moeilijkheden om te dragen, of komen we situaties tegen waarbij we al onze bezittingen en dingen die kostbaar voor ons zijn verliezen. Zelfs in die situaties, zullen onze harten niet wankelen zolang de ware liefde maar in ons is.

Ik verloor bijna alle drie mijn kostbare dochters. Meer dan 30 jaar geleden in Korea, gebruikten de meeste mensen steenkool als verwarming. De koolmonoxide gas van de kolen veroorzaakte regelmatig ongelukken. Het was net na de opening van de kerk en mijn woonplaats was toen nog in de kelder van het kerkgebouw. Mijn drie dochters, samen met een jonge man, had een koolmonoxide vergiftiging opgelopen. Ze hadden de hele nacht het gas ingeademd, en er leek geen hoop meer op herstel.

Terwijl ik mijn bewusteloze dochters zag, was ik niet echt bezorgd of aan het klagen. Ik was enkel dankbaar denkende dat ze nu vredevol zouden leven in de mooie Hemel, waar geen tranen, zorgen of pijn is. Maar omdat de jonge man net een gemeentelid was geworden, vroeg ik God om de man op te wekken, zodat het geen schande zou veroorzaken tegen God. Ik legde mijn hand op jonge man en bad voor hem. En toen bad ik voor mijn derde en jongste dochter. Terwijl ik voor haar bad, kwam de jonge man tot bewustzijn. Terwijl ik bad voor mijn tweede dochter, ontwaakte de derde. Spoedig, kwamen ook mijn tweede en eerste dochter tot bewustzijn. Ze hadden geen nawerkingen, en tot op vandaag zijn ze gezond. Alle drie dienen ze als voorgangers in de gemeente.

Als wij God liefhebben, zal onze liefde nooit veranderen, in geen enkele situatie. We hebben al reeds Zijn liefde ontvangen, van het offeren van Zijn eniggeboren Zoon, en daarom hebben wij geen enkele reden om kwaad op Hem te zijn of aan Zijn liefde te twijfelen. We kunnen Hem enkel onveranderlijk liefhebben. We kunnen Hem enkel volkomen vertrouwen en getrouw Zijn aan Hem met ons leven.

Deze houding zal niet veranderen wanneer wij ook voor andere zielen zorgen. 1 Johannes 3:16 zegt, *"Hieraan hebben wij de liefde leren kennen, dat Hij zijn leven voor ons heeft ingezet; ook wij behoren dan voor de broeders ons leven in te zetten."* Wanneer wij echte liefde voor God ontwikkelen, zullen wij onze broeders ook liefhebben met echte liefde. Het betekent dat wij geen enkel verlangen zullen hebben om ons eigen dingen te vervullen, en zullen we dus alles geven wat we hebben en willen er niets voor terug. We zullen onszelf offeren met zuivere motieven en al onze bezittingen aan anderen geven.

Ik ben door talloze beproevingen gegaan, tijdens mijn wandel van geloof, zelfs tot op deze dag. Ik ben verraden door die mensen, die zoveel dingen van mij hebben ontvangen, of degenen die ik behandelde als mijn eigen familie. Soms begrepen mensen mij verkeerd en wezen met hun vingers naar mij.

Niettemin, heb ik hen enkel met goedheid behandeld. Ik gaf alle zaken in de handen van God en bad dat Hij zo'n mensen wilde vergeven met Zijn liefde en bewogenheid. Ik haatte zelfs niet die mensen die mij grote moeilijkheden bezorgden voor de kerk en weggingen. Ik wilde enkel dat zij zich zouden bekeren en terugkomen. Toen deze mensen vele slechte dingen deden, veroorzaakte dat intense lasten voor mij. Niettemin, behandelde ik hen enkel met goedheid omdat ik geloofde dat God van mij hield, en omdat ik van hen hield met de liefde van God.

Om de vrucht van liefde te dragen

We kunnen de vrucht van liefde volledig dragen tot de mate dat wij onze harten hebben geheiligd door de zonden, slechtheid en wetteloosheid van onze harten te verwerpen. Ware liefde kan uit een hart voortkomen dat vrij is van zonde. Wanneer wij ware liefde bezitten, kunnen wij anderen ten alle tijden vrede geven en zouden wij anderen nooit een moeilijke tijd bezorgen of lasten op hen leggen. We zouden ook het hart van anderen begrijpen en hen dienen. We zouden in staat zijn om hen vreugde te geven en hun zielen helpen om voorspoedig te zijn, zodat het koninkrijk van God kan uitbreiden.

In de Bijbel, kunnen we zien wat voor soort liefde de vaders van het geloof hadden ontwikkeld. Mozes hield van zijn volk, Israël, zoveel dat hij hen wilde redden, zelfs als het zou betekenen dat zijn naam uit het boek des levens zou worden gewist (Exodus 32:32).

De Apostel Paulus hield zoveel van de Here, vanaf het moment dat hij Hem ontmoette, met een onveranderlijk denken. Hij werd een apostel voor de Heidenen, en redde vele zielen en richtte kerken op tijdens zijn drie zendingsreizen. Ondanks dat zijn reis vermoeiend was en vol van gevaar, preekte hij Jezus Christus totdat hij een martelaar werd in Rome.

Er waren constant levensbedreigingen en vervolgingen en verstoringen van de joden. Hij werd geslagen en in de gevangenis gezet. Hij heeft een nacht doorgebracht op volle zee en een dag na een schipbreuk. Niettemin, heeft hij nooit spijt gehad van de weg die hij had gekozen. In plaats van bezorgd te zijn over zich zelf, was hij meer bezorgd over de gemeente en de gelovigen, zelfs wanneer hij door vele moeilijkheden ging.

Hij drukte zijn gevoelens uit in 2 Korintiërs 11:28-29, wat zegt, *"(En dan), afgezien van de dingen, die er verder nog zijn, mijn dagelijkse beslommering, de zorg voor al de gemeenten. Indien iemand zwak is, zou ik het dan niet zijn? Indien iemand aanstoot neemt, zou ik dan niet in brand staan?"*

De apostel Paulus spaarde zelfs zijn eigen leven niet, omdat hij een brandende liefde voor zielen had. Zijn grote liefde wordt heel mooi uitgedrukt in Romeinen 9:3. Het zegt, *"Want zelf zou ik wel wensen van Christus verbannen te zijn ten behoeve van mijn broeders, mijn verwanten naar het vlees"* Hier betekent "mijn broeders" niet familie of verwanten. Het verwijst naar alle joden, inclusief degenen die hem vervolgden.

Hij zou liever naar de hel gaan in hun plaats, als hij die mensen maar kon redden. Dit soort van liefde bezat hij. Ook, zoals geschreven staat in Johannes 15:13, *"Niemand heeft grotere liefde, dan dat hij zijn leven inzet voor zijn vrienden,"* bewees de apostel Paulus zijn hoogste niveau van liefde door een martelaar te worden.

Sommige mensen zeggen dat ze de Heer liefhebben, maar ze hebben hun broeders in het geloof niet lief. Deze broeders zijn zelfs niet hun vijanden noch vragen ze om iemands leven. Maar ze hebben conflicten en koesteren onaangename gevoelens tegen elkaar over onbelangrijke zaken. Zelfs terwijl ze het werk van God doen, hebben zij moeilijke gevoelens wanneer hun meningen verschillen. Sommige mensen zijn ongevoelig over andere mensen, wiens geest verdord en stervende zijn. Kunnen we dan zeggen dat zo'n mensen van God houden?

Ik beleed eens voor de hele gemeente. Ik zei, "als ik duizend zielen kan redden, ben ik gewillig om in hun plaats naar de hel te gaan." Natuurlijk, weet ik heel goed wat voor soort plaats de hel is. Ik zal nooit iets doen, waardoor ik naar de hel moet gaan. Maar als ik die zielen kan redden, die in de hel vallen, ben ik gewillig om in hun plaats daar te gaan.

Die duizend zielen zouden zelfs enkele van onze gemeenteleden kunnen zijn. Het kunnen gemeenteleiders of leden zijn die niet kiezen om de weg van de waarheid te gaan, maar op weg zijn naar de dood, zelfs na het horen van de woorden van waarheid en getuige te zijn geweest van de krachtige werken van God. Het zouden ook die mensen kunnen zijn die onze gemeente vervolgden met hun misverstanden en jaloezie. Of, het zouden enkele arme zielen van Afrika kunnen zijn, die sterven door de burgeroorlogen, hongersnood en armoede.

Net zoals Jezus voor mij stierf, kan ik mijn leven ook voor hen geven. Het komt niet omdat ik van hen houd als een deel van mijn plicht, maar omdat Gods woord zegt dat wij moeten liefhebben. Ik geef mijn hele leven en energie, dag na dag om hen te redden, omdat ik hen meer lief heb dan mijn eigen leven en niet alleen met woorden. Ik geef mijn hele leven omdat ik weet dat het het grootste verlangen van de Vader, God is, die van mij houdt.

Mijn hart is vol van gedachten zoals, "Hoe kan ik het evangelie in meer plaatsen brengen?" "Hoe kan ik grotere werken van Gods kracht laten zien zodat meer mensen kunnen geloven?" "Hoe kan ik hen laten begrijpen de nutteloosheid van deze wereld en hen leiden naar het hemelse koninkrijk?"

Laat ons eens naar onszelf kijken hoeveel wij de liefde van God in ons hebben gegraveerd. Het is de liefde waarmee Hij het leven van Zijn enigeboren Zoon gaf. Als wij volkomen vol zijn van deze liefde, zullen wij in staat zijn om het Nieuwe Jeruzalem binnen te gaan, welke kristalachtige liefde is. Ik hoop dat een ieder van u daar, de eeuwige liefde zal delen met de Vader, God en de Here.

Tegen Zodanige Mensen Is De Wet Niet

Filippenzen 4:4

"Verblijdt u in de Here te allen tijde!

Wederom zal ik zeggen: Verblijdt u!"

Hoofdstuk 3

Blijdschap

De vrucht van blijdschap
De redenen waarom de blijdschap van de eerste liefde verdwijnt
Wanneer geestelijke blijdschap wordt geboren
Wanneer u de vrucht van blijdschap wil dragen
Rouwen zelfs na het dragen van de vrucht van blijdschap
Wees positief en volg in alle zaken goedheid

Blijdschap

Lachen verzacht stress, boosheid, en spanning en draagt ook bij aan het voorkomen van een hartaanval en plotselinge dood. Het verbetert ook het immuunsysteem van het lichaam, zodat het positieve effecten heeft in het voorkomen van infecties, zoals griep of zelfs ziekten zoals kanker en ziekten die het gevolg zijn van levensstijl. Lachen heeft zeker een positieve werking op onze gezondheid, en God zegt ons ook om ons ten alle tijden te verblijden. Sommigen zeggen misschien, "Hoe kan ik mij nu verblijden als er niets is om mij over te verblijden?" Maar mensen van geloof kunnen zich ten alle tijden verblijden in de Here, omdat zij geloven dat God hen zal helpen uit hun moeilijkheden, en ze zullen uiteindelijk geleidt worden naar het hemelse koninkrijk waar eeuwige vreugde is.

De vrucht van blijdschap

Blijdschap is "intense en vooral extatisch of opgewonden geluk." Geestelijke blijdschap, is echter niet alleen maar buitenmatig geluk. Zelfs ongelovigen verblijden zich wanneer dingen goed gaan, maar het is slechts tijdelijk. Hun blijdschap verdwijnt wanneer dingen moeilijk worden. Maar wanneer wij de vrucht van blijdschap in onze harten dragen, zullen wij in staat zijn om ons te verblijden en vreugdevol te zijn in elke situatie.

1 Tessalonicenzen 5:16-18 zegt, *"Verblijdt u te allen tijde, bidt zonder ophouden, dankt onder alles, want dat is de wil Gods in Christus Jezus ten opzichte van u."* Geestelijke blijdschap is om zich te allen tijde te verheugen en dank te geven

onder alle situaties. Vreugde is één van de opmerkelijkste en duidelijkste van de categorieën, waarmee wij kunnen meten en onderzoeken wat voor soort christelijk leven wij leiden.

Sommige gelovigen wandelen op de weg van de Here met blijdschap en geluk te allen tijde, terwijl anderen geen echte vreugde en dankbaarheid in hun harten hebben, ondanks dat ze hun best proberen te doen in hun geloof. Ze gaan naar de aanbiddingdiensten, bidden, en vervullen hun plichten binnen de gemeente, maar ze doen al die activiteiten zonder bewogenheid. En als ze een probleem tegenkomen, verliezen ze het laatste beetje aan vrede dat ze hadden en hun harten worden geschud door nervositeit.

Als er een probleem is, dat u niet in eigen kracht kan oplossen, is dat het moment om te onderzoeken of u zich echt verblijd in het diepst van uw hart. Waarom kijkt u in zo'n situatie niet in de spiegel? Het kan ook een meting worden om te onderzoeken tot welke mate u de vrucht van blijdschap hebt gedragen. In feite, is de genade van Jezus Christus die ons redde door Zijn bloed, alleen al meer dan voldoende voor ons om ons te allen tijde te verblijden. We zijn allemaal bestemd om in het eeuwige vuur van de hel te vallen, maar door het bloed van Jezus Christus, waren wij in staat om het koninkrijk van de hemel binnen te gaan, dat vol is met geluk en vrede. Dit feit alleen kan ons al vreugde geven dat woorden te boven gaat.

Na de Exodus toen de zonen van Israël door de Rode Zee trokken als op droog land en bevrijd werden van het Egyptische leger dat hen achterna zat, hoe verblijd hadden zij moeten zijn? Vervuld van geluk, dansten de vrouwen met tamboerijnen en al het volk prees God (Exodus 15:19-20). Evenzo, wanneer iemand de Here aanneemt, heeft hij onuitsprekelijke vreugde over zijn redding, en kan hij altijd lofzingen, zelfs wanneer hij moe is na een dag van hard werken. Zelfs wanneer hij wordt vervolgd om de naam van de Here of moeilijkheden heeft zonder reden, is hij alleen maar blij terwijl hij denkt aan het koninkrijk van de hemel. Als deze vreugde voortdurend en volkomen is, zal hij spoedig volledig de vrucht van blijdschap dragen.

De redenen waarom de blijdschap van de eerste liefde verdwijnt

In de realiteit, echter, bewaren niet zoveel mensen de vreugde van hun eerste liefde. Soms, verdwijnt de vreugde nadat ze de Here hebben aangenomen en zijn hun emoties met betrekking tot de genade van hun redding niet langer hetzelfde. In het verleden, waren zij gelukkig, zelfs in moeilijkheden, denkende aan de Here, maar later beginnen ze te zuchten en te klagen wanneer dingen moeilijk zijn. Het is net als bij de zonen van Israël die spoedig de vreugde vergaten na het oversteken van de Rode Zee en bij de kleinste moeilijkheden tegen God klaagden en opstonden tegen Mozes.

Waarom veranderen mensen op deze manier? Het komt omdat zij vlees in hun hart hebben. Het vlees hier, heeft een geestelijke betekenis. Het verwijst naar de naturen of karakters die tegengesteld zijn met de geest. "Geest" is iets dat tot God, de

Schepper behoord, welke mooi is en nooit veranderd, terwijl het "vlees" de kenmerken zijn van de dingen die gescheiden zijn van God. Het zijn de dingen die zullen vergaan, bederven en verdwijnen. Daarom zijn alle soorten van zonden zoals wetteloosheid, ongerechtigheid, en leugens, van het vlees. Degenen die zo'n kenmerken van het vlees hebben zullen hun vreugde verliezen eens hun hart daarmee gevuld is. Ook, omdat zij veranderlijke naturen hebben, probeert de vijand duivel en Satan om situaties te veroorzaken die ongunstig zijn door de veranderlijke natuur op te ruien.

De apostel Paulus werd geslagen en in de gevangenis geworpen terwijl hij het evangelie preekte. Maar terwijl hij bad en God prees zonder bezorgd te zijn over iets, kwam er een grote aardbeving en gingen de deuren van de gevangenis open. Bovendien, door deze gebeurtenis kon hij tot nog meer ongelovigen evangeliseren. Hij verloor in geen enkele moeilijkheid zijn vreugde, en hij adviseerde de gelovigen ook, *"Verblijdt u in de Here te allen tijde! Wederom zal ik zeggen: Verblijdt u! Uw vriendelijkheid zij alle mensen bekend. De Here is nabij. Weest in geen ding bezorgd, maar laten bij alles uw wensen door gebed en smeking met dankzegging bekend worden bij God"* (Filippenzen 4:4-6).

Wanneer u in een gruwelijke situatie komt alsof u aan de rand van een afgrond staat, waarom begint u dan niet dankbaar te bidden, zoals de apostel Paulus deed? God zal behagen hebben in uw daad van geloof en Hij zal het ten goede uitwerken.

Wanneer geestelijke blijdschap wordt gedragen

David vocht vanaf zijn jeugdjaren op het slagveld van zijn land. Hij betuigde dienstelijke diensten in vele verschillende oorlogen. Toen koning Saul leed onder de boze geesten, speelde hij harp om de koning vrede te geven. Hij heeft nooit een bevel van zijn koning overtreden. Desondanks was koning Saul niet dankbaar voor Davids diensten, maar in feite haatte hij David omdat hij jaloers op hem was. Omdat David geliefd werd door het volk, was Saul bang dat zijn troon zou worden ontnomen, en hij zat David achterna met zijn leger om hem te doden.

In zo'n situatie, moest David duidelijk vluchten voor Saul. Eens om zijn leven te redden in een vreemd land, moest hij zich voordoen als iemand die krankzinnig was. Hoe zou u zich voelen als u in zijn plaats was? David was nooit droevig, maar hij was altijd verblijd. Hij beleed zijn geloof in God met een mooie Psalm.

"De Here is mijn herder, mij ontbreekt niets;
Hij doet mij nederliggen in grazige weiden;
Hij voert mij aan rustige wateren;
Hij verkwikt mijn ziel.
Hij leidt mij in de rechte sporen
om zijns naams wil.
Zelfs al ga ik door een dal van diepe duisternis,
ik vrees geen kwaad,
want Gij zijt bij mij;
uw stok en uw staf, die vertroosten mij.
Gij richt voor mij een dis aan

voor de ogen van wie mij benauwen;
Gij zalft mijn hoofd met olie,
mijn beker vloeit over.
Ja, heil en goedertierenheid zullen mij volgen
al de dagen van mijn leven;
ik zal in het huis des Heren verblijven
tot in lengte van dagen"
(Psalm 23:1-6).

De werkelijkheid was als een weg van doornen, maar David had iets groot in zich. Het was zijn brandende liefde en onveranderlijk vertrouwen in God. Niets kon die vreugde, die vanuit het diepst van zijn hart kwam wegnemen. David was zeker een persoon die de vrucht van blijdschap droeg.

Voor ongeveer eenenveertig jaar, sinds ik de Here heb aangenomen, heb ik nooit de blijdschap van mijn eerste liefde verloren. Ik leef nog steeds elke dag vol dankbaarheid. Ik leed gedurende zeven jaren onder verschillende ziekten, maar Gods kracht genas mij in een keer van al die ziektes. Ik werd onmiddellijk een Christen en begon in de bouw te werken. Ik had de kans om een betere baan te krijgen, maar ik koos deze job, waarbij ik hard moest werken omdat het de enige manier was om de heilige Dag des Heren te bewaren.

Ik stond elke morgen om vier uur op om deel te nemen aan de ochtend bidstond. Dan ging ik werken met mijn lunchpakket. Het duurde ongeveer anderhalf uur met de bus om op mijn werkplaats te komen. Ik moest van 's morgens tot 's avonds werken, zonder genoeg rust te krijgen. Het was echt hard werken.

Ik had daarvoor nooit lichamelijk werk gedaan en daarboven op was ik zoveel jaar ziek geweest, dus het was echt geen gemakkelijk job voor mij.

Ik kwam rond tien u 's avonds thuis, na mijn werk. Ik waste mij, at, las de bijbel en bad voor ik ging slapen rond middernacht. Mijn vrouw deed deur-aan-deur verkoop om in ons levensonderhoud te voorzien, maar het was moeilijk voor ons om slechts de rente op onze schuld te betalen die we hadden opgebouwd toen ik ziek was. We konden letterlijk amper het einde van de dag halen. Ondanks dat ik in een hele moeilijke financiële situatie was, was mijn hart altijd vervuld met blijdschap en preekte ik elke keer als ik de kans daartoe had het evangelie.

Ik zei dan, "God leeft! Kijk naar mij! Ik wachtte enkel op de dood, maar Gods kracht heeft mij volkomen genezen en ik ben gezond geworden!"

De werkelijkheid was moeilijk en financieel een uitdaging, maar ik was altijd dankbaar voor de liefde van God, die mij van de dood had gered. Mijn hart was ook gevuld met hoop voor de Hemel. Nadat ik de roeping van God ontving om voorganger te worden, leed ik onder vele onterechte verdrukkingen en dingen die een mens eigenlijk niet kan dragen, en toch verkilde mijn vreugde en dankbaarheid nooit.

Hoe was dat mogelijk? Dat komt omdat dankbaarheid van hart, geboorte geeft aan meer dankbaarheid. Ik kijk altijd naar dingen waar ik dankbaar voor kan zijn en offer dankzegging aan God. En niet alleen gebeden van dankzegging, maar ik genoot ervan om dankoffers te geven aan God. Bovenop de dankoffers die ik aan God offerde tijdens de aanbiddingdiensten, bracht ik ook offers van dankzegging voor andere dingen. Ik gaf dank voor de gemeenteleden die groeiden in het geloof; voor de mega grote buitenlandse campagnes waarbij ik God kon verheerlijken; voor gemeentegroei, etc. Ik genoot ervan om de voorwaarden van dankzegging te onderzoeken.

Dus God gaf mij zegeningen en genade zonder ophouden zodat ik kon blijven danken. Als ik alleen maar dankbaar was geweest wanneer dingen goed gingen en niet dankbaar was geweest, maar had geklaagd wanneer dingen slecht gingen, dan was ik niet zo gelukkig geweest als nu.

Wanneer u de vrucht van blijdschap wil dragen

Ten eerste, moet u het vlees verwerpen.

Wanneer wij geen na-ijver of jaloezie hebben, zullen wij ons verblijden wanneer anderen lof of zegen ontvangen, alsof we zelf lof ontvingen en gezegend werden. In tegenstelling, zullen wij een moeilijke tijd hebben om te kijken naar anderen die het goed gaat tot de mate dat wij na-ijverig en jaloers zijn. We hebben misschien onaangename gevoelens over anderen, of we verliezen de vreugde en worden ontmoedigd omdat we ons minderwaardig voelen tot de mate dat anderen worden verhoogd.

Ook, wanneer wij geen boosheid of wrevel hebben, zullen wij alleen vrede hebben zelfs wanneer we ruw behandeld worden of schade lijden. We worden kwaad en teleurgesteld omdat we vleselijk zijn. Dit vlees is de last die ervoor zorgt dat wij ons bezwaard voelen in ons hart. Wanneer wij de natuur hebben om ons eigen voordeel te zoeken, zullen we ons heel slecht voelen en pijn hebben wanneer het lijkt of wij een groter verlies lijden dan anderen. Omdat wij vleselijke kenmerken in ons hebben, verontrust de vijand duivel en satan deze vleselijke natuur om situaties te scheppen waarin wij ons niet kunnen verblijden. Tot de mate dat we vleselijk zijn, kunnen wij geen geestelijk geloof hebben, en zullen wij toenemende zorgen en bezorgdheid hebben omdat we niet in staat zijn om op God te vertrouwen. Maar degenen die enkel op God vertrouwen, kunnen zich verblijden zelfs wanneer ze niets te eten hebben vandaag. Het komt omdat God ons heeft beloofd dat Hij ons zal geven wat wij nodig hebben, wanneer wij eerst Zijn koninkrijk en gerechtigheid zoeken (Mattheüs 6:31-33).

Degenen die waar geloof hebben zullen elke zaak in de handen van God brengen door gebeden van dankzegging in elke moeilijke situatie. Ze zullen Gods koninkrijk en gerechtigheid zoeken met een vredevol hart en dan vragen om datgene wat ze nodig hebben. Degenen die echter niet op God steunen, maar op hun eigen gedachten en plannen, kunnen niets anders dan rusteloos zijn. Degenen die zaken doen, kunnen alleen geleid worden naar voorspoedige wegen en zegeningen ontvangen wanneer zij duidelijk horen naar de stem van de Heilige Geest en het volgen. Maar zolang zij hebzucht, ongeduld, en leugenachtige gedachten hebben, kunnen zij de stem van de Heilige Geest niet horen en zullen zij moeilijkheden tegenkomen. In totaal, is de fundamentele reden waarom wij blijdschap verliezen, de vleselijke houdingen die wij in het hart hebben. We zullen toenemend meer geestelijke blijdschap en dank hebben, en alle dingen zullen goed met ons gaan tot de mate dat wij het vlees uit onze harten verwijderen.

Ten tweede, moeten wij het verlangen van de Heilige Geest in alle dingen volgen.

De vreugde die wij zoeken is geen wereldse vreugde, maar de vreugde die van boven komt, namelijk de vreugde van de Heilige Geest. We kunnen alleen vreugdevol en gelukkig zijn, wanneer de Heilige Geest die in ons verblijft, zich verheugt. Bovendien, komt ware vreugde, wanneer wij God aanbidden met ons hart, bidden tot Hem en aanbidden, en Zijn Woord bewaren.

Ook, wanneer wij onze tekortkomingen beseffen door de inspiratie van de Heilige Geest en ze verbeteren, hoe gelukkig zullen wij worden! We zijn meer geneigd om gelukkig te zijn en dankbaar, wanneer we onze nieuwe "ik" vinden die anders is dan die ervoor. De vreugde gegeven door God kan niet vergeleken worden met enige vreugde van de wereld, en niemand kan het wegnemen.

Afhankelijk van het soort van keuzes die wij maken in ons dagelijks leven, kunnen wij het verlangen van de Heilige Geest volgen of die van het vlees. Wanneer wij op elk moment het verlangen van de Heilige Geest volgen, verheugt de Heilige Geest zich binnen in ons en vervuld ons met blijdschap. 3 Johannes 1:4 zegt, *"Groter blijdschap ken ik niet, dan dat ik hoor, dat mijn kinderen in de waarheid wandelen."* Zoals gezegd, God verheugt Zich en geeft ons vreugde in de volheid van de Heilige Geest, wanneer wij de waarheid uitoefenen.

Bijvoorbeeld, wanneer het verlangen om ons eigen voordeel te zoeken en het verlangen om het voordeel van anderen te zoeken met elkaar botsen, en wanneer het conflict voort duurt, zullen wij de vreugde verliezen. Wanneer wij dan uiteindelijk ons eigen voordeel zoeken, lijkt het of we alles kunnen nemen wat we willen, maar we zullen geen geestelijke vreugde verkrijgen. Maar we zullen eerder pijnscheuten van het geweten hebben of kwellingen in het hart. Natuurlijk, wanneer we het voordeel van anderen zoeken, lijkt het misschien dat we op dat moment verlies lijden, maar we zullen vreugde verkrijgen van boven, omdat de Heilige Geest zich verblijdt. Alleen degenen die echt zo'n blijdschap hebben ervaren zullen begrijpen hoe goed dat voelt. Het is een soort van gelukzaligheid die niemand in de wereld kan geven of begrijpen.

Er is een verhaal van twee broers. De oudste ruimde zijn schotel niet op na het eten. De jongste moest altijd de tafel afruimen na het eten, en hij voelde zich ongemakkelijk daardoor. Op een dag, nadat de oudste had gegeten en op het punt stond om op te staan, zei de jongste, "Je moet je eigen schotel afwassen." "Jij kan ze wel afwassen," zei de oudste zonder enige aarzeling en ging naar zijn kamer. De jongste vond deze situatie niet leuk, maar zijn broer was al weg.

De jongste weet dat zijn oudste broer niet de gewoonte heeft om zijn eigen schotel af te wassen. Dus, de jongste kan de oudste met vreugde dienen door alle schotels af te wassen. Dan denkt u misschien dat de jongste altijd de schotels zal moeten afwassen, en de oudste niet eens de moeite zal nemen om het probleem op te lossen. Maar wanneer wij in goedheid handelen, is God degene die voor de verandering zal zorgen. God zal het hart van de oudste broer veranderen, zodat hij zal denken, "Het spijt mij dat ik mijn broer altijd heb laten afwassen. Vanaf nu zal ik zowel mijn schotel als de zijne afwassen."

Zoals in de illustratie, als wij het verlangen van het vlees volgen, vanwege het tijdelijke voordeel, zullen wij altijd ongemak ervaren en ruzies. Maar we zullen vreugde hebben wanneer we anderen dienen met het hart dat de verlangens van de Heilige Geest volgt.

Hetzelfde principe kan in elke zaak worden toegepast. Eens u misschien anderen hebt geoordeeld met uw eigen standaards, maar wanneer u uw hart veranderd en anderen begrijpt in goedheid, zult u vrede hebben. Hoe staat het met wanneer u iemand ontmoet die een hele andere persoonlijkheid heeft dan u, of iemand die hele andere meningen dan u heeft? Probeert u hem dan te ontwijken, of groet u hem hartelijk met een glimlach? In het oogpunt van ongelovigen, zal het waarschijnlijk aangenamer zijn om hem te ontwijken en degenen te negeren die ze niet leuk vinden, dan te proberen om vriendelijk te zijn.

Maar degenen die overstromen met de verlangens van de Heilige Geest zullen met en dienstbaar hart, glimlachen naar zo'n mensen. Wanneer wij onszelf dagelijks kruisigen met de intentie om anderen te troosten (1 Korintiërs 15:31), zullen wij ware vrede en blijdschap ervaren die van boven komt. Bovendien, zullen wij in staat zijn om te allen tijde te genieten van vrede en blijdschap, omdat we niet die gevoelens hebben dat we iemand niet leuk vinden of de persoonlijkheid van iemand anders niet bij die van ons past.

Veronderstel, dat u door een kerkleider wordt gebeld met de vraag of u samen met hem een gemeentelid wilt bezoeken die zondag niet aanwezig was in de dienst, of veronderstel dat u door een bepaald persoon wordt gevraagd om het evangelie te verkondigen tijdens een vakantie die ook al zelden voorkomt. De ene kant van uw denken zal rust willen nemen, en de andere kant zal voorstellen om toch maar het werk van God te willen doen. Het is aan uw vrije wil om een van beide wegen te kiezen, maar veel slapen en het aangenaam maken voor uw lichaam betekent niet noodzakelijk dat het u vreugde geeft.

U kunt de volheid en blijdschap van de Heilige Geest voelen wanneer u uw tijd en bezittingen geeft om de bediening van God te doen. Wanneer u de verlangens van de Heilige Geest keer op keer volgt, zult u niet alleen toenemende geestelijke vreugde hebben, maar uw hart zal ook toenemend veranderen in een hart van waarheid. Tot diezelfde mate, zult u de rijp geworden vrucht van blijdschap dragen, en zal uw gezicht stralen met een geestelijke licht.

Ten derde, moeten wij ijverig de zaden van blijdschap en dankzegging zaaien.

Voor een boer om de vrucht van de oogst te laten rijpen, moet hij het zaad zaaien en ervoor zorgen. Op gelijke wijze, om de vrucht van blijdschap te dragen, moeten wij ijverig kijken naar de voorwaarden van dankzegging en de dankzegging offeren aan God. Wanneer wij Gods kinderen zijn die geloof hebben, zijn er zovele dingen om verblijd over te zijn!

Ten eerste, hebben we de vreugde van redding die met niets vervangen kan worden. Ook, is de goede God onze Vader, en Hij bewaart Zijn kinderen die in de waarheid leven en antwoord alles wat zij vragen. Dus hoe gelukkig zijn we dan? Wanneer wij alleen de Dag des Heren heiligen en de gepaste tienden geven, zullen wij gedurende het hele jaar geen enkele ramp of ongeluk tegenkomen.

Wanneer wij niet zondigen en Gods geboden bewaren, en getrouw werken voor Zijn koninkrijk, dan, zullen wij altijd zegeningen ontvangen.

Zelfs wanneer wij sommige moeilijkheden tegenkomen, worden de oplossingen van alle soorten van problemen gevonden in de zesenzestig boeken van de Bijbel. Als de moeilijkheid veroorzaakt werd door onze eigen fouten, kunnen wij ons bekeren en ons er van af keren, zodat God genade met ons kan hebben en ons het antwoord zal geven om het probleem op te lossen. Wanneer we terugkijken naar onszelf, wanneer ons hart ons niet veroordeeld, kunnen we ons enkel verblijden en dank geven. Dan zal God alles uitwerken ten goede en ons meer zegeningen geven.

Wij zouden de genade van God niet als vanzelfsprekend moeten vinden die Hij aan ons gegeven heeft. We moeten ons verblijden en Hem ten alle tijden dank geven. Wanneer we naar de voorwaarden van dankzegging en blijdschap kijken, geeft God ons meer voorwaarden voor dankzeggingen. Achtereenvolgens, zal onze dank en vreugde toenemen, en uiteindelijk zullen wij volledig de vrucht van blijdschap dragen.

Rouwen zelfs na het dragen van de vrucht van blijdschap

Ondanks dat wij de vrucht van blijdschap in ons hart dragen, worden wij soms bezorgd. Het is geestelijk treuren dat gedaan wordt in de waarheid.

Ten eerste, er is een rouwen van bekering. Wanneer er testen en beproevingen zijn die veroorzaakt zijn door onze zonden, kunnen wij ons niet zomaar verblijden en dankbaar zijn om het probleem op te lossen. Wanneer iemand zich kan verblijden na het doen van een zonde, dan is dat wereldse blijdschap en heeft dat niets met God te maken. In zo'n geval, moeten wij ons in tranen bekeren en ons van die wegen afkeren. We moeten ons volledig bekeren denkende, "hoe heb ik zo'n zonde kunnen doen terwijl ik in God geloof? Hoe heb ik de genade van God kunnen verlaten?" Dan zal God onze bekering aanvaarden, en als bewijs dat de hindernis van zonden is neergehaald, zal Hij ons vreugde geven. We zullen ons zo licht voelen en ervan genieten, alsof we in de lucht vliegen, en een nieuwe soort van vreugde en dankzeggingen zal van boven komen.

Maar het treuren van bekering is zeker verschillend van de tranen van zorgen die wij laten vloeien vanwege de pijn die veroorzaakt wordt door moeilijkheden of rampen. Zelfs wanneer u bidt in vele tranen en zelfs een loop neus hebt, is het slechts vleselijk treuren zoals het huilen, voorkomt uit wrevel over uw situaties. Ook, wanneer u probeert te vluchten van het probleem, omdat u bang bent voor de straf, en u niet volledig van uw zonden afkeert, kunt u geen echte vreugde verkrijgen. U zult ook niet voelen dat u vergeven bent. Wanneer uw treuren echt treuren van bekering is, moet u de gewilligheid om te zondigen verwerpen en dan de gepaste vrucht van bekering dragen. Alleen dan zult u geestelijke vreugde van boven ontvangen.

Ten tweede, is er het treuren dat u hebt, wanneer God ten schande wordt gebracht of voor de zielen die op de weg van de dood zijn. Het is een soort van treuren dat gepast is in de waarheid. Wanneer u zo'n treuren hebt, zult u ernstig bidden voor het koninkrijk van God. U zult vragen om heiligheid en kracht om meer zielen te redden en het koninkrijk van God uit te breiden. Daarom, is zo'n treuren welgevallig en aanvaardbaar in de ogen van God. Wanneer u zo'n geestelijk treuren hebt, zal de vreugde diep in uw hart nooit verdwijnen. U zult de kracht niet verliezen door somber of ontmoedigd te zijn, maar u zult nog steeds dankbaar zijn en gelukkig.

Enkele jaren geleden, toonde God mij het hemelse huis van een persoon, die bidt voor het koninkrijk van God en de gemeente met een grote mate van treuren. Haar huis was gedecoreerd met goud en kostbare edelstenen, en er waren vooral vele grote, stralende parels. Net zoals een pareloester een parel maakt met al zijn energie en sap, treurde zij in gebed om op de Here te gelijken, en ze treurde biddend voor het Koninkrijk van God en de zielen. God beloond haar terug voor haar gebeden met tranen. Daarom, zouden wij ons altijd moeten verblijden terwijl we in God geloven, en we zouden ook in staat moeten zijn om te treuren voor het koninkrijk van God en de zielen.

Wees positief en volg in alle zaken goedheid

Toen God de eerste mens, Adam, schiep, gaf Hij vreugde in het hart van Adam. Maar de vreugde die Adam op dat moment had is anders dan de vreugde die wij verkrijgen door de menselijke ontwikkeling op deze aarde.

Adam was een levend wezen, wat betekent dat hij geen enkele vleselijke kenmerken had, en hij had dus ook geen enkel element dat tegengesteld was aan vreugde. Hij had namelijk geen enkel concept van relativiteit om de waarde van vreugde te begrijpen. Alleen degene die door ziekte hebben geleden, kunnen begrijpen hoe kostbaar gezondheid is. Alleen degenen die door armoede hebben geleden, begrijpen de echte waarde van een rijk leven.

Adam had nooit enige pijn ervaren, en hij was niet in staat om te begrijpen wat een gelukkig leven hij leefde. Ondanks dat hij van het eeuwige leven en de overvloed van de Hof van Eden genoot, kon hij zich niet echt verblijden vanuit zijn hart. Maar nadat hij van de boom van kennis van goed en kwaad at, kwam het vlees in zijn hart, en verloor hij de vreugde die door God gegeven was. Terwijl hij door de vele pijnen van deze wereld ging, werd zijn hart vervuld met zorgen, eenzaamheid, wrevel, bitterheid en bezorgdheid.

We hebben allerlei soorten van pijnen op deze aarde ervaren, en nu moeten wij de geestelijke vreugde die Adam verloren heeft, herstellen. Om dat te doen, moeten wij het vlees verwerpen, ten alle tijden de verlangens van de Heilige Geest volgen, en zaadjes van vreugde en dankzegging zaaien in alle dingen. Als we hier positieve houdingen aan toevoegen en goedheid volgen, zullen wij in staat zijn om de vrucht van blijdschap volkomen te dragen.

Deze vreugde wordt verkregen nadat wij de relatieve relaties hebben ervaren van de vele dingen van deze aarde, in tegenstelling tot Adam die in de Hof van Eden leefde. Daarom, komt de vreugde voort uit het diepst van ons hart en veranderd het nooit. Het ware geluk waarvan wij zullen genieten in de Hemel is al in ons ontwikkeld op deze aarde. Hoe zullen wij dan in staat zijn om de blijdschap uit te drukken die wij hebben, wanneer we ons aardse leven hebben beëindigd en naar het Hemelse Koninkrijk gaan?

Lucas 17:21 zegt, *"...ook zal men niet zeggen: zie, hier is het of daar! Want zie, het Koninkrijk Gods is bij u."* Ik hoop dat u snel de vrucht van blijdschap in uw hart zult dragen zodat u de Hemel kan proeven en altijd een leven gevuld van gelukzaligheid kan leiden.

Hebreeën 12:14

"Jaagt naar vrede met allen en naar de heiliging, zonder welke niemand de Here zal zien"

Tegen Zodanige Mensen Is De Wet Niet

Hoofdstuk 4

Vrede

De vrucht van vrede
Om de vrucht van vrede te dragen
Goede woorden zijn belangrijk
Denk met wijsheid vanuit het standpunt van anderen
Ware vrede in het hart
De zegeningen voor de vredestichters

Vrede

De deeltjes van zout zijn onzichtbaar, maar wanneer ze kristalliseren, worden zij mooie kubieke kristallen. Een kleine hoeveelheid zout lost op in water en veranderd de hele structuur van het water. Het is een kruid wat absoluut noodzakelijk is in het koken. De micro elementen in zout, in een kleine hoeveelheid zijn cruciaal essentieel om de levensfuncties te behouden.

Net zoals zout oplost om smaak toe te voegen aan het eten en bederven te voorkomen, wil God dat wij onszelf heiligen om anderen te onderrichten en te heiligen, en de mooie vrucht van de vrede te dragen. Laat ons nu eens kijken naar de vrucht van vrede onder de vruchten van de Heilige Geest.

De vrucht van vrede

Zelfs wanneer zij gelovigen in God zijn, kunnen mensen de vrede met anderen niet bewaren, zolang zij een eigen ego, of "ik" hebben. Wanneer zij denken dat hun ideeën juist zijn, hebben ze de neiging om de mening van anderen te negeren en op ongepaste wijze te handelen. Ondanks dat een overeenkomst wordt bereikt door de stemming van de meerderheid van de groep, blijven zij klagen over de beslissing. Ze kijken ook eerder naar de tekortkomingen van mensen in plaats van naar hun goede kanten. Ze kunnen ook kwaad spreken over anderen en zulke dingen verspreiden, waarbij ze mensen van elkaar doen vervreemden.

Wanneer wij bij zo'n mensen zijn, dan voelt het aan alsof we op een bed met doornen zitten en hebben geen vrede. Waar er vredebrekers zijn, zijn er altijd problemen, kwellingen en moeilijkheden. Wanneer de vrede in een land, familie, werkplaats, een kerk, of enige groep verstoord is, zal de doorgang voor zegeningen geblokkeerd zijn en zullen er vele moeilijkheden zijn.

In een toneelstuk, is natuurlijk de held of heldin belangrijk, maar de andere rollen en het ondersteunend werk van elk staflid zijn ook belangrijk. Hetzelfde geldt voor alle organisaties. Ondanks dat het misschien iets alledaags is, wanneer iedereen zijn werk op gepaste wijze uitvoert, kan de taak volledig worden volbracht, en kan er later een grotere rol worden toegekend aan zo'n persoon. Ook moet iemand niet arrogant worden omdat de job die hij doet belangrijk is. Wanneer hij de anderen helpt om samen op te groeien, kan al het werk vredevol worden volbracht.

Romeinen 12:18 zegt, *"Houdt zo mogelijk, voor zover het van u afhangt, vrede met alle mensen."* En Hebreeën 12:14 zegt, *"Jaagt naar vrede met allen en naar de heiliging, zonder welke niemand de Here zal zien."*

Hier betekent "vrede" het in staat zijn om samen te gaan met de meningen van anderen, zelfs wanneer onze meningen juist zijn. Het is om comfort te geven aan andere mensen. Het is een vrijgevig hart waarmee wij alles goed vinden zolang het binnen de grenzen van de waarheid blijft. Het is om het voordeel van anderen te volgen en geen bevoorrechting te hebben. Het is proberen om geen problemen of conflicten te hebben met anderen door een tegengestelde persoonlijke mening uit te drukken en niet naar de tekortkomingen van anderen te kijken.

Gods kinderen moeten niet alleen de vrede bewaren tussen echtgenoten en echtgenotes, kinderen, en broers en buren, maar ze moeten ook vrede hebben met alle mensen. Ze moeten niet alleen vrede hebben met degenen die ze liefhebben, maar ook met degenen die hen haten en hen een moeilijke tijd geven. Het is vooral belangrijk om de vrede in de kerk te bewaren. God kan niet werken wanneer de vrede verbroken is. Het geeft Satan alleen maar een kans om ons aan te klagen. Zelfs wanneer wij hard werken en grote doelen in de bediening van God bereiken, kunnen wij niet geprezen worden wanneer de vrede verbroken is.

In Genesis 26, bewaarde Isaak de vrede met iedereen zelfs in een situatie waar andere mensen hem uitdaagden. Dat was toen Isaak, in een poging om de hongersnood te ontwijken, naar een plaats ging waar de Filistijnen woonden. Hij ontving zegeningen van God, en de hoeveelheid van zijn kudde en vee nam toe en hij had een groot gezin. De Filistijnen waren jaloers op hem en stopten de bronnen van Isaak dicht door ze te vullen met aarde.

Ze hadden niet genoeg regen in dat gebied, vooral in de zomer was er geen regen. Bronnen waren hun reddingslijn. Isaak, maakte er echter geen ruzie over noch vocht hij met hen erover. Hij verliet de plaats en ging een nieuwe bron graven. Iedere keer wanneer hij na veel moeite een bron had gevonden, kwamen de Filistijnen en hielden vol dat de bron van hen was. Isaak protesteerde echter nooit, en gaf de bron gewoon aan hen. Hij verhuisde naar een andere plaats en groef een nieuwe bron.

Deze cirkel herhaalde zich vele keren, maar Isaak behandelde die mensen slechts met goedheid, en God zegende hem om overal een bron te krijgen. Toen ze dit zagen, beseften de Filistijnen dat God met hem was en vielen ze hem niet langer lastig. Als Isaak ruzie had gemaakt of met hen had gevochten omdat hij oneerlijk werd behandeld, zou hij hun vijand zijn geworden en had hij de plaats moeten verlaten. Ondanks dat hij voor zichzelf kon opkomen op een eerlijke en oprechte manier, zou het niet hebben gewerkt omdat de Filistijnen uit waren op ruzie met een boze intentie. Om die reden, behandelde Isaak hen met goedheid en droeg de vrucht van vrede.

Wanneer wij de vrucht van vrede op die manier dragen, beheerst God alle situaties, zodat we voorspoedig kunnen zijn in alle dingen. Hoe kunnen wij nu de vrucht van vrede dragen?

Om de vrucht van vrede te dragen

Ten eerste, moeten wij vrede hebben met God.
Het belangrijkste ding om de vrede met God te bewaren, is dat we geen enkele muur van zonde moeten hebben. Adam moest zichzelf verbergen voor God, omdat hij Gods Woord had overtreden en van de verboden vrucht had gegeten (Genesis 3:8). In het verleden, voelde hij een zeer innige intimiteit met God, maar nu bracht de tegenwoordigheid van God gevoelens van angst en afstand. Dat kwam omdat de vrede met God verbroken was mede door zijn zonden.

Het is hetzelfde met ons. Wanneer wij in de waarheid handelen, kunnen wij vrede met God hebben, en vrijmoedigheid hebben voor God. Natuurlijk, om volkomen en volmaakte vrede te hebben, moeten wij alle zonden en slechtheid van ons hart verwerpen en volkomen geheiligd worden. Maar zelfs wanneer wij nog niet volmaakt zijn, zolang we de waarheid maar ijverig toepassen met de mate van ons geloof, kunnen wij vrede met God hebben. We kunnen niet vanaf het begin volmaakte vrede met God hebben, maar we kunnen vrede met God hebben, wanneer we proberen om de vrede met Hem te volgen met de mate van ons geloof.

Zelfs wanneer wij proberen om vrede met mensen te hebben, moeten wij eerst de vrede met God najagen. Ondanks dat we vrede moeten najagen met onze ouders, kinderen, echtgenoten, vrienden en medewerkers, moeten wij nooit iets doen dat tegen de waarheid is. Dat wil zeggen, dat we nooit de vrede met God moeten verbreken door de vrede met mensen te volgen.

Bijvoorbeeld, wat als wij neerbuigen voor afgoden of de dag van de Here niet onderhouden, zodat we vrede kunnen hebben met onze ongelovige familieleden? Dan lijkt het wel of we vrede hebben op dat moment, maar in feite hebben we op ernstige wijze de vrede met God verbroken door een muur van zonde voor God te scheppen. We kunnen niet zondigen om vrede met mensen te hebben. Ook, wanneer wij de dag van de Here niet onderhouden om deel te nemen aan een bruiloft van een familielid of een vriend, is dat het verbreken van de vrede met God, en uiteindelijk, kunnen we ook geen echte vrede hebben met die andere mensen.

Voor ons om echte vrede met mensen te hebben, moeten wij eerst God behagen. Dan, zal God de vijand duivel en Satan verdrijven en de gedachten van de boze mensen veranderen zodat we vrede kunnen hebben met iedereen. Spreuken 16:7 zegt, *"Als iemands wegen de Here behagen, doet Hij zelfs diens vijanden vrede met hem maken."*

Natuurlijk, kan de andere persoon de vrede tussen ons verbreken ondanks dat wij ons best doen binnen de waarheid. In zo'n geval, als wij binnen de waarheid reageren tot het einde, zal God het uiteindelijk uitwerken ten goede. Dat was het geval met

David en koning Saul. Mede door zijn jaloezie, probeerde koning Saul David te doden, maar David behandelde hem tot het einde met goedheid. David had vele kansen om hem te doden, maar hij koos om de vrede met God na te jagen door de goedheid te volgen. Uiteindelijk, liet God David op de troon zitten om zijn goede daden te vergelden.

Ten tweede, moeten we vrede met onszelf hebben.
Om vrede met onszelf te hebben, moeten we alle vormen van slechtheid verwerpen en worden geheiligd. Zolang wij slechtheid in ons hart hebben, zal onze slechtheid worden verontrust overeenkomstig de verschillende situaties, en zal de vrede dus worden verbroken. We denken misschien dat we vrede hebben wanneer dingen goed gaan, zoals wij verwachten dat ze gaan, maar de vrede is verbroken wanneer dingen niet goed gaan en ze beïnvloeden ook de slechtheid in ons hart. Wanneer haat of boosheid in ons hart opborrelt, hoe onaangenaam is dat wel niet! Maar we kunnen vrede van hart hebben, ongeacht de omstandigheden, als we maar blijven kiezen voor de waarheid.

Sommige mensen echter hebben geen echte vrede in hun harten ondanks dat ze proberen om de waarheid uit te oefenen om vrede te hebben met God. Dat komt omdat zij zelfgerechtigheid en de kaders van hun persoonlijkheid hebben.

Bijvoorbeeld, sommige mensen hebben geen vrede in hun denken omdat ze te gebonden zijn door het Woord van God. Net zoals Job voordat hij door de beproevingen ging, bidden zij hard, en proberen om te leven door het Woord van God, maar ze doen deze dingen niet vanuit hun liefde voor God. Ze leven door het Woord van God uit angst voor straf en vergelding van God. En als ze per ongeluk de waarheid overtreden in bepaalde omstandigheden, worden zij heel nerveus, vrezende dat ze nu ongunstige consequenties zullen ondergaan.

In zo'n geval, hoe gekweld is hun hart dan wel niet, ondanks dat ze ijverig de waarheid uitoefenen! Dus, hun geestelijke groei stopt of ze verliezen de vreugde. Uiteindelijk, lijden zij vanwege hun eigen zelf-gerechtigheid en denkkaders. In dit geval, zouden zij eerder moeten proberen om de liefde voor te ontwikkelen dan bezeten te zijn met het handelen van het onderhouden van de wet. Iemand kan van echte vrede genieten als hij God liefheeft met zijn hele hart en Gods liefde beseft.

Hier is een ander voorbeeld. Sommige mensen hebben geen vrede met zichzelf, omdat ze negatief denken over zichzelf. Ze proberen de waarheid uit te oefenen, maar ze veroordelen zichzelf, en veroorzaken pijn in hun eigen hart als zij niet het resultaat bereiken dat zij wilden bereiken. Ze hebben spijt voor God en ze verliezen de moed denkende dat ze in zoveel tekortschieten. Ze verliezen de vrede, denkende, "Wat als de mensen om mij heen teleurgesteld zijn in mij? Wat als zij mij verlaten?"

Zo'n mensen moeten geestelijke kinderen worden. Het denken van zo'n kinderen die geloven in de liefde van hun ouders is vrij simpel. Zelfs als ze fouten maken, verbergen ze zich niet voor hun ouders, maar ze gaan tegen de boezem van hun ouders liggen en zeggen dat ze het beter zullen doen. Als ze zeggen dat het hen spijt en dat ze het beter gaan doen met een liefelijk vertrouwelijk gezicht, zullen de ouders waarschijnlijk glimlachen ondanks dat ze hun kinderen bijna gingen berispen.

Natuurlijk betekent het niet dat we alleen maar moeten zeggen dat we het de volgende keer beter zullen doen en dan dezelfde fout blijven maken. Als u werkelijk verlangt om u af te keren van de zonden en het de volgende keer beter wil doen, waarom zou God dan Zijn gezicht van u af keren? Degenen die zich werkelijk bekeren verliezen de moed niet of worden niet ontmoedigd vanwege andere mensen. Natuurlijk, kan het zijn dat ze gestraft worden of in een lagere plaats worden geplaatst voor een bepaalde tijd, overeenkomstig de gerechtigheid. Niettemin, als zij echt zeker zijn van de liefde van God voor hen, kunnen zij gewillig de straffen van God aanvaarden, en zijn ze niet bezorgd om wat anderen erover denken of hun meningen.

Aan de andere kant, heeft God er ook geen welgevallen in als zij blijven twijfelen, denkende dat hun zonden niet vergeven zijn. Als zij zich werkelijk hebben bekeerd en zich hebben afgekeerd van hun wegen, is het welgevallig in de ogen van God als zij geloven dat zij vergeven zijn. Zelfs wanneer er moeilijkheden zijn vanwege hun zonden, zullen zij in zegeningen veranderen als zij deze met vreugde en dankzegging aannemen.

Daarom, moeten wij geloven dat God ons liefheeft zelfs wanneer we nog niet volmaakt zijn, en Hij zal ons volmaakt maken als wij maar blijven proberen om onszelf te veranderen. Ook wanneer we vernederd zijn in een beproeving, moeten wij in God vertrouwen, die ons uiteindelijk zal verhogen. We moeten niet ongeduldig zijn met een verlangen om door mensen te worden erkend. Als wij een waarachtig hart en daden blijven opstapelen, kunnen wij vrede hebben met onszelf alsook geestelijk zelfvertrouwen.

Ten derde, zouden wij vrede moeten hebben met iedereen.

Om vrede met iedereen na te jagen, moeten we in staat zijn om onszelf te offeren. We moeten onszelf opofferen voor anderen, zelfs tot het punt van het geven van ons leven. Paulus zei, "Ik sterf dagelijks", en net zoals hij zei, moeten we niet vasthouden aan onze eigen dingen, onze meningen, of voorkeuren om vrede te kunnen hebben met iedereen.

Om vrede te hebben, zouden wij niemands gevoel moeten kwetsen of proberen te pronken en te roemen over onszelf. We moeten onszelf vanuit ons hart vernederen en anderen verhogen. We zouden geen vooroordelen moeten hebben, en tegelijkertijd, zouden wij in staat moeten zijn om de andere manieren van mensen te aanvaarden, dat is natuurlijk wel als het binnen de waarheid is. We zouden niet moeten denken met de mate van ons eigen geloof, maar vanuit het gezichtspunt van anderen. Zelfs wanneer onze mening juist is of misschien zelfs beter, zouden wij toch in staat moeten zijn om de meningen van anderen te volgen.

Dat betekent echter niet, dat we het enkel aan hen moeten overlaten en hen laten gaan, zelfs wanneer die anderen mensen op de weg van de dood gaan door te zondigen. Noch zouden we een compromis met hen moeten sluiten of met hen meegaan in de leugen. We zouden hen soms advies moeten geven of moeten waarschuwen met liefde. We kunnen grote zegeningen ontvangen wanneer wij de vrede binnen de waarheid najagen.

Vervolgens, om vrede te hebben met iedereen, moeten wij niet vasthouden aan onze eigen gerechtigheid en kaders. "Kaders" zijn datgene wat iemand denkt dat juist is vanuit iemands eigen persoonlijkheid, gevoel voor beleefde manieren en voorkeuren. "Zelfgerechtigheid" hier is om iemands persoonlijke meningen, geloven en ideeën aan anderen op te dringen, waardoor hij denkt dat hij meer is. Zelf gerechtigheid en kaders worden in verschillende vormen in ons leven gezien.

Wat als een persoon de regels van een bedrijf overtreedt door zijn daden te rechtvaardigen en te denken dat de regels verkeerd zijn? Hij denkt misschien dat hij datgene doet wat goed is, maar zijn baas of collega's denken daar duidelijk anders over. Het is ook in overeenstemming met de waarheid om de meningen van anderen te volgen, zolang ze maar niet in de leugen zijn.

Elk individu heeft een andere persoonlijkheid omdat iedereen is opgegroeid in een andere omgeving. Iedereen heeft een verschillende opvoeding en mate van geloof ontvangen. Dus, ieder persoon heeft een ander standaard van oordeel van wat juist of verkeerd is en wat goed of kwaad is. Een persoon denkt misschien dat een bepaald ding juist is terwijl een ander denkt dat het verkeerd is.

Laat ons eens spreken over de relatie tussen een man en een vrouw, bijvoorbeeld. De man wil dat het huis altijd netjes blijft, maar de vrouw doet dat niet. De man verdraagt het in het begin met liefde, en ruimt het zelf op. Maar als dit zo door gaat, wordt hij gefrustreerd. Hij begint te denken dat zijn vrouw geen goede opleiding in huishouden heeft gehad. Hij vraagt zich af waarom ze zoiets eenvoudigs en gepast niet kan doen. Hij begrijpt ook niet waarom haar gewoonten niet veranderen, zelfs niet na vele jaren, ondanks zijn herhaaldelijk advies.

Aan de andere kant, heeft de vrouw soms ook wel eens wat te zeggen. Haar teleurstelling stapelt op naar haar man denkende, 'Ik besta niet alleen maar om schoon te maken en het huishouden te doen. Als ik soms niet kan poetsen, behoort hij het zelf te doen. Waarom klaagt hij er zoveel over? Het lijkt wel of hij daarvoor alles voor mij wilde doen, maar nu klaagt hij alleen maar over alledaagse zaken. Hij praat zelfs over de opvoeding van mijn familie!' Wanneer zij allebei blijven vasthouden aan hun eigen meningen en verlangens, kunnen zij geen vrede hebben. Vrede kan alleen worden opgericht wanneer zij naar de mening van de ander kijken en elkaar dienen, en niet wanneer zij alleen maar aan hun eigen meningen denken.

Jezus zei ons, dat wanneer wij een offer brengen aan God, als wij iets tegen een van onze broeders hebben, moeten we ons eerst verzoenen met hem en dan terug kunnen komen om te offeren (Mattheüs 5:23-24). Onze offers zullen worden aangenomen door God, alleen nadat wij vrede hebben gesticht met die broeder en het offer geven.

Degenen die vrede met God hebben en met zichzelf, zullen de vrede met anderen niet verbreken. Ze zullen geen ruzie maken met iemand omdat ze al hun hebzucht, arrogantie, trots, en zelfgerechtigheid en kaders hebben verworpen. Zelfs wanneer andere mensen slecht zijn en moeilijkheden veroorzaken, zouden die mensen zichzelf offeren om uiteindelijk vrede te maken.

Goede woorden zijn belangrijk

Er zijn een paar dingen die we in acht moeten nemen, wanneer we proberen vrede na te jagen. Het is heel belangrijk om alleen maar goede woorden te spreken om de vrede te bewaren. Spreuken 16:24 zegt, *"Vriendelijke woorden zijn als honigzeem, zoet voor de ziel en medicijn voor het gebeente."* Goede woorden geven kracht en moed aan degenen die ontmoedigd zijn. Ze kunnen een goed medicijn zijn om stervende zielen op te wekken.

Aan de andere kant, breken slechte woorden de vrede. Toen Rehoboam, zoon van koning Salomon, de troon besteeg, vroegen de mensen van de tien stammen aan de koning om hun harde arbeid te verminderen. De koning antwoordde, *"Mijn vader heeft uw juk zwaar gemaakt, maar ik zal het nog verzwaren; mijn vader heeft u met zwepen getuchtigd, maar ik zal u tuchtigen met gesels"* (2 Kronieken 10:14). Vanwege deze woorden, vervreemden de koning en het volk van elkaar, wat uiteindelijk leidde tot een splitsing van het land.

De tong van de mens is een heel klein deel van het lichaam, maar het heeft ontzagwekkende macht. Het is als een kleine vlam dat tot een groot vuur kan worden en heel veel schade kan voortbrengen als het niet wordt beheerst. Om die reden zegt Jakobus 3:6, *"Ook de tong is een vuur, zij is de wereld der ongerechtigheid; de tong neemt haar plaats in onder onze leden, als iets, dat het gehele lichaam bezoedelt en het rad der geboorte in vlam zet, terwijl zij zelf in vlam gezet wordt door de hel."* Ook zegt Spreuken 18:21, *"Dood en leven zijn in de macht der tong, wie aan haar toegeeft, zal haar vrucht eten."*

Vooral, wanneer we woorden van rancune of klagen spreken mede door het verschil van meningen, bevatten zij slechte gevoelens, en dus, brengt de vijand duivel en satan aanklachten tegen hen. Ook, slechts het koesteren van klachten en rancune en het laten zien van deze gevoelens, in woorden en daden, zijn heel verschillend. Een inktpotje in uw zak stoppen is één ding, maar het deksel eraf halen en uitgieten is iets heel anders. Wanneer u het uitgiet, zal het de mensen om u heen bevlekken en ook uzelf.

Op gelijke wijze, wanneer u het werk van God doet, kunt u misschien klagen omdat dingen niet overeenkomen met uw ideeën. Dan, zullen sommige mensen die het wel eens zijn met uw ideeën op dezelfde manier als u spreken. Als het aantal toeneemt met twee of drie, wordt het een synagoge van Satan. De vrede zal verbroken worden in de kerk en de gemeentegroei zal stoppen. Daarom, moeten wij altijd alleen maar de goede dingen zien, horen en spreken (Efeziërs 4:29). We moeten zelfs niet de woorden horen die niet de waarheid of goedheid zijn.

Denk met wijsheid vanuit het standpunt van anderen

Wat we als tweede gaan beschouwen is een geval waarbij u geen harde gevoelens hebt tegen de andere persoon, maar dat die persoon de vrede verbreekt. Hier, kunt u misschien nadenken of het echt de fout van de andere persoon is. Soms bent u zelf de oorzaak van de redenen waarom anderen de vrede verbreken, zonder dat u het beseft.

U kwetst misschien de gevoelens van anderen door uw onbedachtzaamheid of onwijze woorden of gedragingen. In dat geval, als u blijft denken dat u geen slechte gevoelens koestert tegen de andere persoon, dan kunt u ook geen vrede hebben met die persoon noch tot zelfbesef komen dat u in staat stelt om te veranderen. U zou in staat moeten zijn of u echt een vredestichter bent zelfs in de ogen van een ander persoon.

Vanuit het standpunt van een leider, denkt hij misschien dat hij de vrede bewaart, maar zijn werkers hebben misschien wel een moeilijke tijd. Ze kunnen niet openlijk hun gevoelens uitdrukken tegenover hun meerdere. Ze kunnen het alleen maar verdragen en zich vanbinnen gekwetst voelen.

Er is een bekende episode over de Eerste Minister Hwang Hee van de Chosun Dynastie. Hij zag een boer ploegen in zijn veld met twee ossen. De minister vroeg de boer met een luide stem, "Welke van de twee ossen werkt harder?" De boer nam plotseling de eerste minister bij zijn arm en nam hem mee naar een afgelegen plaats. Hij fluisterde in zijn oor, "De zwarte is soms lui, maar de gele werkt hard." "Waarom moet u mij daarvoor meenemen naar deze plaats en in mijn oren fluisteren over de ossen?" vroeg Hwang Hee met een glimlach op zijn gezicht. De boer antwoordde, "Zelfs de dieren vinden het niet fijn als we slecht over hen spreken." Er wordt gezegd dat Hwang Hee toen zijn onbedachtzaamheid besefte.

Wat zou er gebeuren als de twee ossen inderdaad verstonden wat de boer zei? De gele os zou arrogant worden, en de zwarte os zou jaloers worden en problemen veroorzaken voor de gele of het zou ontmoedigd raken en minder werken dan daarvoor.

Vanuit zijn verhaal, kunnen we zelfs bedachtzaamheid leren van de dieren, en we zouden voorzichtig moeten zijn om geen enkel woord te spreken of enige daad te laten zien dat oneerlijke bevoorrechting voortbrengt. Waar bevoorrechting is, is er jaloezie en arrogantie. Bijvoorbeeld, wanneer u slechts een persoon eert voor vele mensen, dan legt u een grond van onenigheid. U zou voorzichtig moeten zijn en wijs genoeg om zulke problemen niet voort te brengen.

Er zijn ook mensen die lijden vanwege de bevoorrechting en discriminatie van hun werkgevers, en toch wanneer zij zelf de werkgever worden, dan discrimineren zij bepaalde individuen en laten bevoorrechting zien naar anderen. Maar we moeten begrijpen dat wanneer u leed onder zo'n ongerechtigheid, u voorzichtig moet zijn met uw woorden en daden, zodat de vrede niet wordt verbroken.

Ware vrede in het hart

Nog een ander ding, waar u aan zou moeten denken, wanneer u vrede bereikt, is dat echte vrede in het hart moet worden bereikt. Zelfs degenen die geen vrede met God hebben of met zichzelf, kunnen tot een bepaalde mate toch vrede hebben met andere mensen. Vele gelovigen horen altijd dat ze de vrede niet moeten verbreken, dus zijn ze misschien in staat om hun gevoelens te beheersen en niet te botsen met anderen die een andere mening hebben dan die van hen. Maar het niet hebben van een uiterlijk conflict, wil daarom nog niet zeggen dat ze de vrucht van vrede dragen. De vrucht van de Geest wordt niet alleen uiterlijk gezien maar is in het hart.

Bijvoorbeeld, wanneer de andere persoon u niet dient of erkend, voelt u rancune, maar u laat het niet zien. Dan denkt u misschien, "Ik moet alleen nog een beetje meer geduld hebben!"

en u probeert die persoon te dienen. Maar veronderstel dat hetzelfde ding zich opnieuw voordoet.

Dan kunt u rancune opstapelen. U kunt niet onmiddellijk de rancune laten zien, denkende dat het uw trots zal kwetsen, maar u bekritiseerd misschien indirect die persoon. Op een of andere wijze laat u een gevoel zien dat u wordt vervolgt. Soms, begrijpt u de anderen niet en dat houdt de vrede met hen tegen. U houdt uw mond, uit vrees dat er ruzie komt of argumenten. U stopt gewoon met het praten met die persoon, neerkijkend op hem en denkende, "Hij is slecht en zo aanhoudend, dat ik niet met hem kan spreken."

Op die manier, verbreekt u de vrede niet uiterlijk, maar u hebt geen goede gevoelens naar die andere persoon. U stemt niet overeen met zijn meningen, en u wilt misschien wel niet om hem heen zijn. U klaagt misschien wel over hem terwijl u met anderen praat over zijn tekortkomingen. U vermeldt uw onaangename gevoelens, zeggende, "Hij is echt slecht. Hoe kan iemand hem en wat hij deed nu begrijpen! Maar om in goedheid naar hem te handelen, ga ik nog steeds met hem om." Natuurlijk, is het beter om de vrede niet op deze manier te verbreken dan om de vrede onmiddellijk te verbreken.

Maar om ware vrede te hebben, moet u anderen dienen vanuit het hart. U zou zo'n gevoelens niet moeten onderdrukken en nog steeds bediend willen worden. U zou de gewilligheid moeten hebben om te dienen en het voordeel van anderen te zoeken.

U zou niet alleen uiterlijk moeten glimlachten terwijl u binnenin uzelf aan het oordelen bent. U moet anderen begrijpen vanuit hun standpunt. Alleen dan kan de Heilige Geest werken. Zelfs wanneer zij hun eigen ik zoeken, zullen zij in hun hart worden bewogen en veranderen. Wanneer ieder persoon die betrokken is, tekortkomingen heeft, kan iedereen de schuld aannemen. Uiteindelijk, kan iedereen ware vrede hebben en in staat zijn om hun harten te delen.

De zegeningen voor de vredestichters

Degenen die vrede met God hebben, met zichzelf en met iedereen, hebben de autoriteit om de duisternis te verdrijven. Dus, ze kunnen de vrede om zich heen bereiken. Zoals geschreven staat in Mattheüs 5:9 *"Zalig de vredestichters, want zij zullen kinderen Gods genoemd worden"* hebben zij de autoriteit van de kinderen van God, de autoriteit van licht.

Bijvoorbeeld, als u een gemeenteleider bent, kunt u de gelovigen helpen om de vrucht van vrede te dragen. Dat wil zeggen, u kunt ze voorzien met het Woord van waarheid hebbende de autoriteit en de kracht, zodat zij weg kunnen gaan van de zonden en hun zelfgerechtigheid en kaders kunnen neerhalen. Wanneer er synagogen van Satan zijn geschapen, welke mensen van elkaar doet vervreemden, kunt u het vernietigen met de kracht van uw woord. Op die manier, kunt u vrede brengen onder verschillende mensen.

Johannes 12:24 zegt, *"Voorwaar, voorwaar, Ik zeg u, indien de graankorrel niet in de aarde valt en sterft, blijft zij op zichzelf; maar indien zij sterft, brengt zij veel vrucht voort."* Jezus offerde zichzelf en stierf als een graankorrel en droeg ontelbare vruchten. Hij vergaf de zonden van talloze stervende zielen en liet hen vrede met God hebben. Als gevolg, zal de Here

Zelf, die de Koning der koningen en de Here der heerscharen werd, grote eer en glorie ontvangen.

We kunnen alleen een overvloedige oogst krijgen wanneer wij onszelf opofferen. God, de Vader wil dat Zijn geliefde kinderen offers maken en "sterven als de graankorrel" om zo overvloedige vrucht te dragen zoals Jezus deed. Jezus zei ook in Johannes 15:8 *"Hierin is mijn Vader verheerlijkt, dat gij veel vrucht draagt en gij zult mijn discipelen zijn."* Zoals gezegd, laten wij de verlangens van de Heilige Geest volgen om de vrucht van vrede te dragen en zo vele zielen te leiden op de weg van redding.

Hebreeën 12:14 zegt, *"Jaagt naar vrede met allen en naar de heiliging, zonder welke niemand de Here zal zien."* Zelfs wanneer u volkomen gelijk hebt, wanneer anderen onaangename gevoelens hebben vanwege u en als er conflicten zijn, is het niet goed in de ogen van God, en dus zou u terug moeten kijken op uzelf. Dan kunt u een heilig persoon worden die geen vormen van slechtheid meer heeft, en die in staat is om de Here te zien. Door zo te handelen, hoop ik dat u zult genieten van de geestelijke autoriteit op deze aarde door zonen van God genoemd te worden, en een eervolle positie zult krijgen in de Hemel, waar u te allen tijde de Here kunt zien.

Jakobus 1:4

"Maar die volharding moet volkomen doorwerken,

zodat gij volkomen en onberispelijk zijt

en in niets te kort schiet."

Hoofdstuk 5

Lankmoedigheid

Lankmoedigheid dat geen geduld nodig heeft
De vrucht van lankmoedigheid
De lankmoedigheid van de vaders des geloofs
Lankmoedigheid om naar het hemelse koninkrijk te gaan

Lankmoedigheid

Zo vaak lijkt het alsof het geluk in het leven afhankelijk is van of we al dan niet lankmoedig zijn. Tussen ouders en kinderen en mannen en vrouwen, tussen broers en zussen en met vrienden, doen vele mensen dingen waar ze veel spijt over hebben, omdat ze geen lankmoedigheid hebben. Het succes of falen in onze studies, werk, of zaak hangt ook vaak af van onze lankmoedigheid. Lankmoedigheid is een heel belangrijk element in ons leven.

Geestelijke lankmoedigheid en wat gezien wordt als lankmoedigheid door wereldse mensen, zijn beslist verschillend van elkaar. Mensen in deze wereld verdragen met lankmoedigheid, maar het is vleselijke lankmoedigheid. Als zij moeilijke gevoelens hebben, lijden zij er heel veel onder omdat ze deze onderdrukken. Ze zetten hun tanden op elkaar of stoppen zelf te eten. Uiteindelijk zal het leiden tot problemen van nervositeit of depressie. Maar toch zeggen ze dat mensen die hun gevoelens kunnen onderdrukken grote lankmoedigheid laten zien. Maar het is helemaal geen geestelijke lankmoedigheid.

Lankmoedigheid dat geen geduld nodig heeft

Geestelijke lankmoedigheid is niet om geduldig te zijn met het kwade, maar enkel met het goede, u kunt moeilijkheden overwinnen met dankbaarheid en hoop. Dit zal leiden tot een groter hart. Aan de andere kant, wanneer u geduldig bent met het kwade, zullen uw slechte gevoelens zich opstapelen, en zal uw hart in toenemende mate ruwer worden.

Veronderstel dat iemand u vervloekt en u pijn veroorzaakt zonder een reden. U voelt u dan misschien gekwetst in uw trots en zelfs een slachtoffer, maar u kunt dat ook onderdrukken denkende dat u lankmoedig moet zijn overeenkomstig het Woord van God. Maar uw gezicht wordt rood, u gaat sneller ademen, en uw lippen spannen terwijl u probeert om uw gedachten en emoties te beheersen. Als u uw gevoelens op die manier onderdrukt, zullen ze plotseling opkomen wanneer dingen later nog erger worden. Zo'n lankmoedigheid is geen geestelijke lankmoedigheid.

Wanneer u geestelijke lankmoedigheid hebt, zal uw hart door niets verontrust worden. Zelfs wanneer u onterecht van iets wordt beschuldigd, probeert u mensen gerust te stellen, denkende dat er een soort van misverstand moet zijn, Wanneer u zo'n hart hebt, hebt u het niet nodig om iemand te "verdragen" of te "vergeven." Laat mij een gemakkelijke illustratie geven.

Tijdens een koude winternacht, had een bepaald huis de lichten aan tot bijna middernacht. De baby in het huis had koorts wat was gestegen naar 40 °C (104 °F). De vader van het kind, dompelde zijn T-shirt in koud water en hield de baby vast. Wanneer de vader een koude handdoek om de baby legde, verbaasde het hem en hij vond het niet leuk. Maar de baby werd vertroost in de armen van zijn vader, ondanks dat de T-shirt voor een ogenblik koud aanvoelde.

Wanneer de T-shirt warm werd door de koorts van de baby, maakte de vader het opnieuw nat met koud water. De vader moest zijn T-shirt talloze keren nat maken voordat de morgen aanbrak. Maar hij leek niet moe te zijn. Hij keek liever met zijn liefdevolle ogen naar zijn baby, die aan het slapen was in de geborgenheid van zijn armen.

Ondanks dat hij de hele nacht was wakker geweest, klaagde hij niet over zijn honger of vermoeidheid. Hij had niet de tijd om te denken aan zijn eigen lichaam. Al zijn aandacht was gevestigd op de baby en denkende hoe hij zijn zoon beter en het aangenamer kon maken voor hem. En toen de baby beter werd, dacht hij niet aan zijn eigen inspanning. Wanneer wij iemand liefhebben, kunnen wij automatisch moeilijkheden en inspanningen verdragen, en daarom, moeten wij niet meer lankmoedig worden in dingen. Dat is de betekenis van geestelijke "lankmoedigheid."

De vrucht van lankmoedigheid

We kunnen "lankmoedigheid" ook terugvinden in 1 Korintiërs hoofdstuk 13, het "Liefdeshoofdstuk", en dit is de lankmoedigheid om liefde te ontwikkelen. Bijvoorbeeld, het zegt dat liefde zichzelf niet zoekt. Om datgene op te geven wat we willen en het voordeel van anderen eerst te zoeken overeenkomstig dit woord, zullen wij situaties tegenkomen waarbij dat onze lankmoedigheid vereist. De lankmoedigheid in het "Liefdeshoofdstuk" is de lankmoedigheid om liefde te ontwikkelen.

Maar de lankmoedigheid van de vruchten van de Heilige Geest is lankmoedigheid in alles. Deze lankmoedigheid is één niveau hoger dan de lankmoedigheid in geestelijke liefde. Er zijn moeilijkheden wanneer wij proberen om een doel te bereiken, of het nu voor het koninkrijk van God is of persoonlijke heiliging. Er zou bedroefdheid en inspanning zijn wanneer wij onze energie uitbreiden. Maar we kunnen lankmoedig verdragen met geloof en liefde, omdat we de hoop hebben om de vrucht te oogsten. Dit soort van lankmoedigheid is de lankmoedigheid als een van de vruchten van de Heilige Geest. Er zijn drie aspecten aan deze lankmoedigheid.

De eerste is de lankmoedigheid om ons hart te veranderen.

Des te meer slechtheid wij in ons hart hebben, des te moeilijker het is om lankmoedig te zijn. Als we maten van boosheid, arrogantie, hebzucht, zelfrechtvaardiging en zelfgemaakte kaders hebben, hebben wij stemmingen en harde gevoelens die kunnen opkomen over alledaagse dingen.

Er was een gemeentelid, wiens inkomen elke maand rond de 15.000 US Dollars was, en in een bepaalde maand was zijn inkomen veel lager dan gebruikelijk. Toen begon hij hebzuchtig te klagen tegen God. Later beleed hij dat hij niet dankbaar was voor de rijkdom die hij had, omdat hij hebzucht in zijn hart had.

We zouden voor alles wat God ons heeft gegeven, dankbaar moeten zijn, zelfs wanneer we niet zoveel geld verdienen. Dan, zou er geen hebzucht in ons hart groeien en zullen wij in staat zijn om de zegeningen van God te ontvangen.

Maar wanneer wij de zonde verwerpen en geheiligd worden, wordt het makkelijker en makkelijker om lankmoedig te zijn. We kunnen stil verdragen, zelfs in moeilijke situaties. We kunnen anderen alleen maar begrijpen en vergeven, zonder dat we iets moeten onderdrukken.

Lucas 8:15 zegt, *"Dat in goede aarde, dat zijn zij, die met een goed en vroom hart het woord gehoord hebbende, dat vasthouden en vrucht dragen in volharding."* Dat wil zeggen, dat degenen die goede harten hebben zoals goede grond, lankmoedig kunnen zijn totdat zij goede vruchten dragen.

We hebben echter nog steeds volharding nodig om de poging te nemen om ons hart te veranderen in goede grond. Heiligheid kan niet automatisch worden bereikt, door alleen maar het verlangen te hebben. We moeten onszelf gehoorzaam maken aan de waarheid door vurig te bidden met ons hele hart en te vasten. We moeten stoppen met datgene wat we eens liefhadden, en wanneer iets geen geestelijk voordeel brengt, moeten we het verwerpen. We moeten niet halverwege stoppen, of stoppen met proberen na enkele pogingen. Totdat wij de vrucht van heiligheid volkomen hebben geoogst, en totdat we ons doel hebben bereikt, moeten wij ons best doen met zelfbeheersing en handelen door het Woord van God.

De uiteindelijke bestemming van ons geloof is het koninkrijk van de hemel, en vooral, de mooiste verblijfplaats, het Nieuwe Jeruzalem. We moeten blijven gaan in vurigheid en geduld totdat we onze bestemming bereiken.

Maar soms, zien we gevallen waarbij mensen een vertraging in snelheid van heiliging van hun hart ervaren na het leiden van ijverig Christelijk leven.

Ze verwerpen de "werken van het vlees" snel, omdat het de zonden zijn die zichtbaar zijn aan de buitenkant. Maar omdat de "dingen van het vlees" niet uiterlijk zichtbaar zijn, wordt de snelheid waarmee ze die verwerpen vertraagt. Wanneer ze de leugen in zich ontdekken, bidden zij om het te verwerpen, maar na enkele dagen zijn ze het alweer vergeten. Wanneer u onkruid volledig wil verwijderen, dan verwijdert u niet alleen het blad, maar u rukt het uit met de wortel. Hetzelfde principe kan worden toegepast op de zondevolle natuur. We moeten bidden en ons hart tot het einde toe veranderen, totdat we de wortel van de zondevolle natuur volledig hebben verwijderd.

Toen, ik een nieuwe gelovige werd, bad ik om bepaalde zonden te verwerpen, omdat ik begreep tijdens het lezen van de Bijbel dat God de zondevolle houdingen zoals haat, opvliegendheid, en arrogantie vreselijk haat. Toen ik vastberaden vasthield aan mijn zelfgerichte perspectieven, kon ik de haat en slechte gevoelens in mijn hart niet verwerpen. Maar in gebed, gaf God mij de genade om anderen vanuit hun standpunt te begrijpen. Alle moeilijke gevoelens tegen hen, smolten weg en mijn haat was ook verdwenen.

Ik leerde om geduld te hebben, terwijl ik mijn boosheid verwierp. In een situatie waarbij ik onterecht was beschuldigd, telde ik in mijn denken, "een, twee, drie, vier,..." en ik hield de woorden die ik wilde zeggen in. Eerst, was het heel moeilijk voor mij om mij in te houden, maar terwijl ik bleef proberen, verdwenen mijn boosheid en irritatie geleidelijk aan. Uiteindelijk, kwam er zelfs in de situatie waarbij de boosheid tot een toppunt steeg, geen enkel ding in mijn gedachten naar boven.

Ik denk dat het ongeveer drie jaar duurde om af te rekenen met arrogantie. Toen ik een nieuweling in het geloof was, wist ik zelfs niet wat arrogantie was, maar ik bad slechts om het te verwerpen. Ik bleef mijzelf onderzoeken tijdens het bidden. Als gevolg, was ik in staat om zelfs mensen te eren en te respecteren die voor mij ondergeschikt leken in vele aspecten. Later, ging ik zelfs andere mede voorgangers, die al in een leiderschapspositie of net aangesteld waren, dienen met dezelfde houding. Na geduldig bidden gedurende drie jaren, besefte ik dat ik geen houding van arrogantie meer in mij had, en vanaf dat moment moest ik niet meer bidden voor de arrogantie.

Wanneer u de wortel van de zondevolle natuur niet uitrukt, zal de bepaalde houding van zonde opkomen in een extreme situatie. U bent misschien teleurgesteld wanneer u beseft dat u nog steeds de karakters van de leugen in u hebt, waarvan u dacht dat u die al had verworpen. U bent misschien ontmoedigd, denkende, "Ik heb zo mijn best gedaan om het te verwerpen, maar het is nog steeds in mij."

U kunt vormen van leugen in u vinden totdat u de oorspronkelijke wortel van de zondevolle natuur hebt uitgerukt, maar dat wil daarom nog niet zeggen dat u geen geestelijke vooruitgang hebt gemaakt. Wanneer u een ui afschilt, dan kunt u de ene laag na de andere laag zien. Maar wanneer u blijft afschillen zonder te stoppen, zal de ui uiteindelijk verdwijnen. Zo is het ook met de zondevolle natuur. U moet niet ontmoedigd worden alleen maar omdat u nog niet alles volledig hebt verworpen. U moet lankmoedigheid hebben tot het einde en blijven proberen terwijl u naar de veranderingen in uzelf kijkt.

Sommige mensen worden ontmoedigd, wanneer zij niet onmiddellijk materiele zegeningen krijgen nadat zij handelen door het Woord van God. Ze denken dat ze er niets voor terugkrijgen, behalve een verlies wanneer zij in goedheid handelen. Sommige mensen klagen zelfs dat zij ijverig naar de kerk gaan, maar geen zegeningen ontvangen. Natuurlijk, zijn er geen redenen om te klagen. Zij ontvangen geen zegeningen van God omdat ze nog steeds de leugen uitoefenen en niet de dingen hebben verworpen waarvan God zei om die te verwerpen.

Het feit dat zij klagen bewijst dat de focus van hun geloof is misplaatst. U wordt niet moe wanneer u in goedheid en waarheid handelt met geloof. Des te meer u in goedheid handelt, des te vreugdevoller u wordt, dus u gaat meer verlangen naar de dingen van goedheid. Wanneer u op die manier wordt geheiligd door geloof, zal uw ziel voorspoedig zijn, alle dingen ten goede uitwerken voor u, en zult u gezond zijn.

Het tweede soort van lankmoedigheid is dat onder de mensen.

Wanneer u wisselwerking hebt met mensen, hebt u verschillende persoonlijkheden en opvoedingen, waardoor er situaties kunnen opkomen. Vooral, een kerk is een plaats waar mensen van een veelomvattende omvang van achtergronden bij elkaar komen. Dus, beginnende met de alledaagse zaken tot de grote en serieuze zaken, kunt u verschillende gedachten hebben, en de vrede kan ook worden verbroken.

Dan, zeggen mensen misschien, "Zijn manier van denken is totaal anders dan die van mij. Het is moeilijk voor mij om met hem te werken, omdat we hele andere persoonlijkheden zijn." Maar zelfs tussen man en vrouw, hoeveel koppels hebben nu de volmaakte match in persoonlijkheid? Hun levensgewoonten en smaken zijn verschillend, maar ze moeten zich naar elkaar uitstrekken om bij elkaar te passen.

Degenen die naar heiliging verlangen zullen lankmoedig zijn in elke soort van situatie met elke persoon en de vrede bewaren. Zelfs in de moeilijkste en onaangenaamste omstandigheden, zullen zij inschikkelijk zijn met anderen. Ze begrijpen altijd anderen met een goed hart en ze verdragen terwijl zij het voordeel van anderen zoeken. Zelfs wanneer anderen handelen in slechtheid, verdragen zij het. Ze vergelden dit kwade enkel met goedheid, en niet met het kwade.

We moeten ook geduldig zijn, wanneer wij evangeliseren of raad geven aan zielen, of wanneer wij gemeentewerkers trainen om het koninkrijk van God te volbrengen. Terwijl ik een pastorale bediening heb, zie ik bij sommige mensen op een hele trage manier veranderingen plaatsvinden. Wanneer zij bevriend zijn met de wereld en God ten schande brengen, huil ik vele tranen in rouw, maar ik heb hen van mijn zijde nooit opgegeven. Ik verdraag altijd met hen, omdat ik de hoop heb dat ze op een dag zullen veranderen.

Wanneer ik gemeentewerkers opvoedt, moet ik gedurende een lange periode geduldig met hen zijn. Ik kan niet zomaar alle ondergeschikten leiden of dwingen om te doen wat ik wil. Ondanks dat ik weet dat de dingen op een tragere wijze zullen worden bereikt, kan ik de plicht van de gemeentewerkers niet wegnemen, zeggende, "Jullie zijn niet bekwaam genoeg, jullie worden ontslagen." Ik verdraag hen en leidt hen totdat zij bekwamer worden. Ik wacht vijf, tien of vijftien jaar op hen, zodat zij de mogelijkheid kunnen hebben om hun plichten te vervullen door geestelijke training.

Niet alleen wanneer zij geen vruchten dragen, maar ook wanneer zij dingen verkeerd doen, verdraag ik hen, zodat ze niet zullen struikelen. Het lijkt gemakkelijk wanneer een andere persoon die de bekwaamheid heeft het voor hen doet, of om die persoon te vervangen door iemand die wel de bekwaamheid heeft.

Maar de reden waarom ik verdraag tot het einde is voor elke ziel. Het is ook om het Koninkrijk van God volkomener te bereiken.

Wanneer u een zaad van lankmoedigheid op deze manier zaait, zult u zeker de vrucht verkrijgen overeenkomstig de gerechtigheid van God. Bijvoorbeeld, wanneer u met sommige zielen volhard totdat zij veranderen, voor hen bidt met tranen, zult u een groter hart krijgen om hen allen te koesteren. Dan zult u de autoriteit en kracht verkrijgen om vele zielen op te wekken U zult de kracht verkrijgen om de zielen, die u in uw hart koestert te veranderen, door het gebed van een rechtvaardig mens. Ook, wanneer u uw hart beheerst en het zaad van volharding zaait, zelfs wanneer u vals wordt beschuldigd, zal God u de vrucht van zegeningen laten oogsten.

De derde is de lankmoedigheid in onze relatie met God.

Het verwijst naar de lankmoedigheid die u zou moeten hebben in het ontvangen van antwoord op uw gebeden. Marcus 11:24 zegt, *"Daarom zeg Ik u, al wat gij bidt en begeert, gelooft, dat gij het hebt ontvangen, en het zal geschieden."* We kunnen alle woorden in de zesenzestig boeken van de Bijbel geloven, als wij geloof hebben. Er zijn beloften van God dat wij datgene wat wij vragen, zullen ontvangen, en daarom kunnen we met gebed alles bereiken.

Dat betekent natuurlijk niet, dat we alleen maar moeten bidden en niets moeten doen. We moeten het woord van God uitoefenen op een manier dat we in staat zijn om antwoord te kunnen ontvangen. Bijvoorbeeld, een student wiens cijfers rond het gemiddelde van de klas is, bid om de beste student te worden. Maar in de klas is hij aan het dagdromen en hij studeert niet. Zal hij dan in staat zijn om de beste student te zijn van zijn klas? Hij moet hard studeren terwijl hij tot God bidt om hem te helpen om de beste van zijn klas te worden.

Hetzelfde geldt voor het doen van zaken. U bidt ernstig dat uw zaak goed gaat lopen, maar uw doel is om een ander huis te hebben, te investeren in vastgoed, een luxe auto te hebben. Zou u in staat zijn om het antwoord op uw gebed te ontvangen? Natuurlijk wil God dat Zijn kinderen een overvloedig leven leiden, maar God heeft geen welgevallen in gebeden waarin gevraagd wordt naar dingen om iemands hebzucht te vervullen. Maar wanneer u zegeningen wilt ontvangen om de mensen in nood te helpen en de zendingswerken te ondersteunen, en wanneer u de juiste weg gaat zonder illegale dingen te doen, zal God u zeker leiden op de weg van zegeningen.

Er zijn vele beloften in de Bijbel dat God de gebeden van Zijn kinderen zal antwoorden. Maar in vele gevallen, ontvangen mensen niet het antwoord, omdat ze niet geduldig genoeg zijn. Mensen vragen misschien om een direct antwoord, maar God antwoord niet altijd onmiddellijk.

God antwoordt hen op de meest gepaste en gelegen tijd, omdat Hij alles weet. Wanneer het onderwerp van hun gebedsverzoek iets groot en belangrijk is, kan God het alleen beantwoorden wanneer de hoeveelheid bij God is vervuld. Toen Daniel bad om de openbaring van geestelijke dingen te ontvangen, zond God Zijn engel om dat gebed te beantwoorden zodra Daniel begon te bidden. Maar het duurde eenentwintig dagen voordat Daniel de engel daadwerkelijk ontmoette. Gedurende die eenentwintig dagen bleef Daniel bidden met hetzelfde vurige hart als toen hij begonnen was met bidden. Wanneer wij werkelijk geloven dat wij iets hebben ontvangen, dan is het ook niet moeilijk om erop te wachten. We zullen er enkel met vreugde over nadenken die wij zullen hebben wanneer wij de feitelijke oplossing ontvangen voor het probleem.

Sommige gelovigen kunnen niet wachten totdat zij datgene ontvangen waar zij God in gebed om hebben gevraagd. Ze bidden en vasten misschien om het aan God te vragen, maar wanneer het antwoord niet snel genoeg komt, geven zij het op denkende dat God hen niet gaat antwoorden.

Wanneer wij werkelijk geloven en bidden, zouden wij niet ontmoedigd raken of opgeven. We weten niet wanneer het antwoord zal komen: morgen, vannacht, na het volgende gebed, of na een jaar. God weet de perfecte tijd om ons het antwoord te geven.

Jakobus 1:6-8 zegt, *"Maar hij moet bidden in geloof, in geen enkel opzicht twijfelende, want wie twijfelt, gelijkt op een golf der zee, die door de wind aangedreven en opgejaagd wordt. Want zulk een mens moet niet menen, dat hij iets van de Here zal ontvangen, innerlijk verdeeld als hij is, ongestadig op al zijn wegen."*

Het enige belangrijke ding is hoe standvastig wij geloven wanneer wij bidden. Wanneer wij echt geloven dat we al een antwoord hebben ontvangen, kunnen wij blij en gelukkig zijn in elke soort van situatie. Wanneer wij het geloof hebben om het antwoord te ontvangen, zullen wij bidden en handelen met geloof totdat de vrucht in onze handen wordt gegeven. Bovendien, wanneer wij door de kwellingen van hart of vervolgingen gaan, terwijl wij het werk van God doen, kunnen wij de vruchten van goedheid enkel dragen door lankmoedigheid.

De lankmoedigheid van de vaders des geloofs

Er zijn verschillende momenten wanneer er een marathon wordt gelopen. En de vreugde van de eindstreep van de wedloop na het overwinnen van zo'n moeilijke momenten is zo groot, dat het alleen maar begrepen kan worden door degenen die het hebben ervaren. Gods kinderen die de wedloop van het geloof rennen, kunnen van tijd tot tijd ook door moeilijkheden gaan, maar ze kunnen alles overwinnen door te kijken naar Jezus Christus. God zal hen Zijn genade en kracht geven, en de Heilige Geest zal hen ook helpen.

Hebreeën 12:1-2 zegt, *"Daarom dan, laten ook wij, nu wij zulk een grote wolk van getuigen rondom ons hebben, afleggen alle last en de zonde, die ons zo licht in de weg staat, en met volharding de wedloop lopen, die vóór ons ligt. Laat ons oog daarbij (alleen) gericht zijn op Jezus, de leidsman en voleinder des geloofs, die, om de vreugde, welke vóór Hem lag, het kruis op Zich genomen heeft, de schande niet achtende, en gezeten is ter rechterzijde van de troon Gods."*

Jezus leed veel onder de minachting en bespotting van Zijn schepping totdat Hij de voorziening van redding had vervuld. Maar omdat Hij wist dat Hij zou gaan zitten aan de rechterhand van Gods troon en dat daardoor redding zou gegeven worden aan de mensheid, verdroeg Hij het tot het einde, zonder over de lichamelijke schaamte na te denken. Uiteindelijk, stierf Hij aan het kruis terwijl Hij de zonde van de mensheid op Zich nam, maar Hij stond de derde dag op om de weg van redding te openen. God bevestigde Jezus als de Koning der koningen en de Here der heerscharen omdat Hij gehoorzaam was tot de dood met liefde en geloof.

Jakob was een kleinzoon van Abraham en hij werd de vader van de natie Israël. Hij had een hardnekkig hart. Hij nam het eerste geboorterecht van zijn broer Esau door hem te bedriegen, en hij vluchtte naar Haran. Hij ontving de belofte van God in Bethel.

Genesis 28:13-15 zegt, *"... het land, waarop gij ligt, zal Ik aan u en aan uw nageslacht geven. En uw nageslacht zal zijn als het stof der aarde, en gij zult u uitbreiden naar het westen, oosten, noorden en zuiden, en met u en met uw nageslacht zullen alle geslachten des aardbodems gezegend worden. En zie, Ik ben met u en Ik zal u behoeden overal waar gij gaat, en Ik zal u wederbrengen naar dit land, want Ik zal u niet verlaten, totdat Ik gedaan heb wat Ik u heb toegezegd."* Jakob volhardde gedurende twintig jaren in de beproevingen en uiteindelijk werd hij de vader van alle Israëlieten.

Jozef was de elfde zoon van Jakob, en hij alleen, van al zijn broeders, ontving alle liefde van zijn vader. Op een dag werd hij verkocht als een slaaf in Egypte, door de handen van zijn eigen broeders. Hij werd een slaaf in een vreemd land, maar hij werd niet ontmoedigd. Hij deed zijn best in zijn werk en hij werd door zijn meester erkend voor zijn getrouwheid. Zijn situatie werd beter toen hij voor alle bezittingen van zijn meesters huishouden mocht gaan zorgen, maar hier werd hij vals beschuldigd en in de politieke gevangenis geworpen. Het was de ene beproeving na de andere.

Natuurlijk, waren alle stappen de genade van God in het proces om hem voor te bereiden om de eerste minister van Egypte te worden. Maar niemand wist dit behalve God. Toch, werd Jozef niet ontmoedigd, zelfs niet in de gevangenis, omdat hij geloof had en hij geloofde de belofte die God hem had gegeven toen hij nog een kind was. Hij geloofde dat God zijn droom zou vervullen waarin de zon en de maan en de elf sterren in de lucht voor hem bogen, en hij liet zich in geen enkele situatie beïnvloeden. Hij vertrouwde volkomen op God, en hij volhardde in alle zaken en volgde de juiste weg overeenkomstig het Woord van God. Zijn geloof was echt geloof.

Wat zou u doen als u in dezelfde situatie was? Kunt u zich voorstellen wat hij gedurende 13 jaren moet gevoeld hebben, sinds de dag dat hij verkocht werd als slaaf? U zou waarschijnlijk zoveel bidden tot God om u uit deze situatie te halen. U zult waarschijnlijk uzelf onderzoeken en bekeren van alle dingen die u maar kunt bedenken om ook maar een antwoord van God te krijgen. U zult ook om genade vragen aan God met vele tranen en ernstige woorden. En wanneer u na een jaar, twee jaar, en zelfs tien jaar nog geen antwoord hebt, maar enkel in moeilijkere situaties raakt, hoe zou u zich dan voelen?

Hij werd in de gevangenis gezet tijdens de krachtigste jaren van zijn leven en terwijl hij de dagen nutteloos voorbij zag gaan, zou hij zich waarschijnlijk ellendig hebben gevoeld als hij niet het geloof had gehad dat hij had. Als hij had gedacht aan zijn goede leven in zijn vaders huis, zou hij zich nog ellendiger hebben gevoeld. Maar Jozef bleef altijd vertrouwen op God, die naar hem keek, en hij geloofde standvastig in de liefde van God, die het beste geeft op de juiste tijd. Hij verloor nooit de hoop, zelfs niet in de deprimerende testen, en hij handelde met getrouwheid en goedheid, terwijl hij geduldig wachtte tot zijn droom uiteindelijk werkelijkheid werd.

David werd door God erkend als een man naar Gods hart. Maar zelfs nadat hij als volgende koning werd gezalfd, moest hij door vele beproevingen gaan, inclusief de achtervolging door koning Saul. Hij had vele bijna dood ervaringen. Maar door al deze moeilijkheden te verdragen met geloof, werd hij een grote koning die in staat was om te heersen over heel Israël.

Jakobus 1:3-4 zegt, *"...want gij weet, dat de beproefdheid van uw geloof volharding uitwerkt. Maar die volharding moet volkomen doorwerken, zodat gij volkomen en onberispelijk zijt en in niets te kort schiet."* Ik spoor u aan om deze lankmoedigheid volledig te ontwikkelen. Die lankmoedigheid zal u geloof doen toenemen en uw hart vergroten en verdiepen, om het nog volwassener te maken. U zult de zegeningen en antwoorden van God ervaren die Hij beloofde, wanneer u volkomen lankmoedigheid hebt bereikt (Hebreeën 10:36).

Lankmoedigheid om naar het hemelse koninkrijk te gaan

We hebben lankmoedigheid nodig om naar het hemelse koninkrijk te gaan. Sommigen zeggen dat ze van de wereld willen genieten terwijl ze jong zijn en naar de kerk zullen gaan als ze ouder worden. Sommigen leiden een vurig leven van geloof met de hoop dat de Here komt, maar dan verliezen ze het geduld en veranderen van gedachte. Omdat de Here niet zo snel terugkomt als zij hadden verwacht, vinden zij het te moeilijk om verder te gaan in dat vurige geloof. Ze zeggen dat ze rust willen nemen in het besnijden van hun hart en het doen van het werk van God, en dat wanneer zij zeker de tekenen van de komst van de Here zien, zullen zij wat harder proberen.

Niemand weet wanneer God onze geest gaat roepen, of wanneer de Here komt. Zelfs al zouden wij de tijd van te voren weten, we kunnen niet zomaar een hoeveelheid geloof hebben zoals wij willen. Mensen kunnen niet zomaar het geestelijke geloof hebben, om redding te ontvangen zoals ze willen. Het wordt enkel gegeven door de genade van God. De vijand duivel en Satan zullen hen niet zomaar met rust laten om zo gemakkelijk redding te kunnen ontvangen. Bovendien, wanneer u de hoop hebt om naar het Nieuwe Jeruzalem te gaan in de Hemel, kunt u alles doen in lankmoedigheid.

Psalm 126:5-6 zegt, *"Wie met tranen zaaien, zullen met gejuich maaien. Hij gaat al wenende voort, die de zaadbuidel draagt; voorzeker zal hij komen met gejuich, dragende zijn schoven."* Er moeten bepaalde pogingen, tranen, en rouw zijn, terwijl wij de zaadjes zaaien en hen laten groeien. Soms, komt de nodige regen niet, of kan er een orkaan of teveel regen komen, die de oogst beschadigd. Maar uiteindelijk, zullen wij ons zeker verblijden over de overvloedige oogst, overeenkomstig de wetten van gerechtigheid.

God wacht duizend jaar, alsof het een dag is om echte kinderen te verkrijgen en Hij droeg het met de pijn van het geven van Zijn enige Zoon aan ons. De Here verdroeg het lijden aan het kruis, en de Heilige Geest draagt ook met onuitsprekelijke verzuchtingen tijdens de menselijke ontwikkeling. Ik hoop dat u volkomen, geestelijke lankmoedigheid zult ontwikkelen, terwijl u de liefde van God herinnert, zodat u vruchten van zegeningen zult ontvangen, zowel hier op aarde als in de hemel.

Tegen Zodanige Mensen Is De Wet Niet

Lucas 6:36

"Weest barmhartig,

gelijk uw Vader barmhartig is."

Hoofdstuk 6

Vriendelijkheid

Anderen begrijpen en vergeven met de vrucht van vriendelijkheid
Het hart en de daden nodig hebben, zoals die van de Here
Vooroordelen verwerpen om vriendelijkheid te hebben
Barmhartigheid voor degenen in moeilijkheden
Wijs niet zomaar de tekortkomingen van anderen aan
Wees vrijgevig voor iedereen
Schrijf de eer toe aan anderen

Vriendelijkheid

Soms zeggen mensen dat ze een bepaald persoon niet kunnen begrijpen, ondanks dat ze geprobeerd hebben om hem te begrijpen, of ondanks dat ze geprobeerd hebben om een persoon te vergeven, zijn ze niet in staat om hem te vergeven. Maar wanneer wij de vrucht van vriendelijkheid in ons hart dragen, is er niets wat wij niet kunnen begrijpen en is er niemand die wij niet kunnen vergeven. We zullen in staat zijn om elk soort persoon te begrijpen met goedheid en elk persoon kunnen aanvaarden met liefde. We zouden niet zeggen dat we van een persoon houden vanwege een bepaalde reden en we een ander persoon niet leuk vinden om een andere reden. We zouden niemand niet leuk mogen vinden of haten. We zouden geen slechte woorden spreken of slechte gevoelens koesteren tegen iemand, om maar niet te zeggen vijanden hebben.

Anderen begrijpen en vergeven met de vrucht van vriendelijkheid

Vriendelijkheid is de kwaliteit of staat van aardig zijn. Maar de geestelijke betekenis van vriendelijkheid komt dichter in de buurt bij barmhartigheid. En de geestelijke betekenis van barmhartigheid is "om de waarheid te begrijpen, zelfs datgene dat niet te begrijpen is door alle mensen." Het is ook het hart dat in staat is om in waarheid te vergeven zelfs degenen die door mensen niet vergeven kunnen worden. God toont bewogenheid naar de mensheid met het hart van barmhartigheid.

Psalm 130:3 zegt, *"Als Gij, Here, de ongerechtigheden in gedachtenis houdt, Here, wie zal bestaan?"* Zoals geschreven staat, als God geen genade zou hebben en ons zou oordelen, zou er niemand in staat zijn om voor God te staan. Maar God vergaf en aanvaardde, zelfs degenen die niet vergeven noch aanvaardt kunnen worden, als de gerechtigheid streng zou worden toegepast. Bovendien, gaf God het leven van Zijn enige Zoon om zo'n mensen te redden van de eeuwige dood. Daar wij Gods kinderen zijn geworden door in de Here te geloven, wil God dat wij dit hart van barmhartigheid ontwikkelen. Om die reden zegt God in Lucas 6:36, *"Weest barmhartig, gelijk uw Vader barmhartig is."*

Deze barmhartigheid is ongeveer te vergelijken met de liefde, maar het is ook anders op verschillende manieren. Geestelijke liefde is in staat om zichzelf op te offeren voor anderen, zonder dat er een prijs aan vastzit, terwijl barmhartigheid meer vergeving en aanvaarding is. Dat wil zeggen, het in staat zijn om alles te aanvaarden en te omarmen van een persoon en hem niet verkeerd te begrijpen of te haten, ondanks dat hij niet waardig is om enige liefde te ontvangen. U zou iemand niet moeten haten of ontwijken omdat zijn meningen anders zijn dan die van u, maar in plaats daarvan kunt u sterk worden en hem troosten. Als u het warme hart hebt om anderen te aanvaarden, dan zou u hun ongerechtigheden of fouten niet openbaren, maar deze bedekken en hen aanvaarden zodat u een mooie relatie met hen kan hebben.

Er was een gebeurtenis waarbij dit hart van barmhartigheid heel levendig in werd geopenbaard. Op een dag bad Jezus gedurende de hele nacht op de Olijfberg en ging in de ochtend naar de tempel. Vele mensen verzamelden zich, terwijl Hij neerzat, en er ontstond een opschudding terwijl Hij het Woord van God verkondigde. Er waren enkele Schriftgeleerden en Farizeeërs onder de menigte, die een vrouw voor Jezus brachten. Ze was aan het beven van angst.

Ze vertelden Jezus dat deze vrouw betrapt was op de daad van overspel, en vroegen Hem wat Hij met haar zou doen, daar er in de Wet geschreven staat dat zo'n vrouw ter dood gestenigd moet worden. Wanneer Jezus hen zou zeggen dat ze haar moesten stenigen, dan zou het niet overeenstemmen met Zijn leerstelling "Hebt uw vijanden lief." Maar als Hij hen zou zeggen dat ze haar moesten vergeven, dan overtraden ze de Wet. Het leek erop dat Jezus in een hele moeilijke positie werd geplaatst. Jezus, schreef echter iets op de grond en zei zoals opgeschreven staat in Johannes 8:7, *"Wie van u zonder zonde is, werpe het eerst een steen naar haar."* Mensen kregen pijnscheuten in hun geweten en gingen één voor één weg. Uiteindelijk bleven alleen Jezus en de vrouw achter.

In Johannes 8:11 zei Jezus tot haar, *"Ook Ik veroordeel u niet. Ga heen, zondig van nu af niet meer!"* Zeggende, "Ik veroordeel u niet," betekent dat Hij haar vergaf. Jezus vergaf een vrouw, die niet vergeven kon worden en gaf haar een kans om zich van haar zonden te bekeren. Dit is het hart van barmhartigheid.

Het hart en de daden nodig hebben, zoals die van de Here

Barmhartigheid is om echt te vergeven en zelfs uw vijanden lief te hebben. Net zoals een moeder zorgt voor haar pasgeboren baby, zouden wij iedereen moeten aanvaarden en omarmen. Zelfs wanneer mensen sommige grote fouten hebben gemaakt, of ze hebben een ernstige zonde gedaan, zullen wij eerst barmhartigheid hebben, in plaats van hen te oordelen en te veroordelen. We zouden de zonde moeten haten, maar niet de zondaar; we zullen die persoon begrijpen en hem naar het leven proberen te leiden.

Veronderstel dat er een kind is met een heel zwak lichaam, dat vaak ziek is. Hoe zou de moeder zich naar het kind voelen? Ze zal zich niet afvragen waarom het kind op die manier is geboren en waarom hij haar zoveel moeilijkheden gaf. Ze zou het kind om die reden niet haten. Ze zal eerder meer liefde en bewogen voor hem hebben dan voor de andere kinderen die wel gezond zijn.

Er was een moeder, wiens zoon geestelijk gehandicapt was. Totdat hij de leeftijd van twintig jaar bereikte was zijn mentale leeftijd dat van iemand van twee jaar, en de moeder kon haar ogen niet van hem afkeren. Niettemin, dacht ze nooit dat het moeilijk was om voor haar zoon te zorgen. Ze voelde sympathie voor hem en bewogenheid voor haar zoon, terwijl ze voor hem zorgde. Wanneer wij dit soort van vrucht van barmhartigheid volkomen dragen, zullen wij niet alleen die barmhartigheid voor onze eigen kinderen hebben, maar voor iedereen.

Jezus preekte het evangelie van het koninkrijk van de Hemel, tijdens Zijn openbare bediening. Zijn hoofd publiek waren niet de rijken en de machtigen; maar degenen die arm, verwaarloost waren, of degenen die door mensen als zondaren werden beschouwd, zoals de tollenaars of hoereerders.

Het was ook zo toen Jezus Zijn discipelen uitkoos. Mensen denken misschien dat het verstandig was geweest om de discipelen te kiezen die volkomen bekend waren met de Wet van God, omdat het gemakkelijker voor hen zou zijn om het Woord van God te onderwijzen. Maar Jezus koos niet zo'n mensen. Hij koos als Zijn discipelen, Mattheüs, die een tollenaar was; Petrus, Andreas, Jakobus en Johannes, die vissers waren.

Jezus genas ook allerlei verschillende soorten van ziekten. Op een dag, genas Hij een persoon die voor achtendertig jaren ziek was geweest en wachtte tot de waters van het bad van Bethesda zou bewegen. Hij leefde in pijn, zonder enige hoop op leven, maar niemand schonk enige aandacht aan hem. Maar Jezus kwam tot hem en vroeg hem, "Wilt gij gezond worden?" en genas hem.

Jezus genas ook een vrouw die gedurende twaalf jaren een bloeding had. Hij opende de ogen van Bartilomeus, die een blinde bedelaar was (Mattheüs 9:20-22; Marcus 10:46-52). Op Zijn weg naar een stad genaamd Naïn, zag Hij een weduwe, wiens enige zoon gestorven was. Hij had medelijden met haar en wekte haar dode zoon op (Lucas 7:11-15). Daarbovenop, keek Hij om naar degenen die verdrukt waren. Hij werd vrienden met de verwaarloosden, zoals de tollenaars en zondaren.

Sommige mensen bekritiseerden Hem omdat Hij met de zondaren at, zeggende, *"Waarom eet uw meester met de tollenaars en zondaars?"* (Mattheüs 9:11). Hij hoorde het en zeide: *"Zij, die gezond zijn, hebben geen geneesheer nodig, maar zij, die ziek zijn. Gaat heen en leert, wat het betekent: Barmhartigheid wil Ik en geen offerande; want Ik ben niet gekomen om rechtvaardigen te roepen, maar zondaars"* (Mattheüs 9:12-13). Hij onderwees ons vanuit het hart van bewogenheid en barmhartigheid voor de zondaren en de zieken.

Jezus kwam niet alleen voor de rijken en de rechtvaardigen, maar voornamelijk voor de armen en de zieken, en de zondaren. We kunnen snel de vrucht van barmhartigheid dragen wanneer wij het hart en de daden van Jezus navolgen. Laat ons nu eens dieper kijken naar wat we specifiek zouden moeten doen om de vrucht van barmhartigheid te dragen.

Vooroordelen verwerpen om vriendelijkheid te hebben

Wereldse mensen oordelen mensen vaak naar hun verschijningen. Hun houdingen naar mensen veranderen afhankelijk of ze er al dan niet rijk of beroemd uitzien. Gods kinderen moeten mensen niet oordelen naar hun verschijning of hun houding van hart veranderen vanwege de verschijningen. We moeten zelfs de kinderen beschouwen of degenen die ondergeschikt zijn aan ons dienen met het hart van de Heer.

Jakobus 2:1-4 zegt, *"Mijn broeders, houdt uw geloof in onze Here der heerlijkheid, Jezus Christus, vrij van aanzien des persoons. Want stel, er kwam in uw vergadering een man binnen met een gouden ring aan zijn vinger en in prachtige kleding, en er kwam ook een arme binnen in schamele kleding, en gij zoudt opzien tegen de man met de prachtige kleding en zeggen: neem gij hier deze goede plaats, maar tot de arme zoudt gij zeggen: ga gij daar staan, of ga beneden bij mijn voetbank zitten, zoudt gij dan geen onderscheid maken onder elkander en optreden als rechters, die zich door verkeerde overwegingen laten leiden?"*

1 Petrus 1:17 zegt ook, *"En indien gij Hem als Vader aanroept, die zonder aanzien des persoons naar ieders werk oordeelt, wandelt dan in vreze de tijd uwer vreemdelingschap."* Wanneer wij de vrucht van vriendelijkheid dragen, zullen wij nooit anderen oordelen of veroordelen naar hun verschijning. We zouden ook moeten onderzoeken of we al dan niet vooroordelen of voorkeuren hebben in een geestelijke zin. Sommige anderen hebben lichamelijke gebreken, dus zij kunnen bepaalde dingen zeggen of doen die uit context zijn in bepaalde situaties. Weer anderen handelen op een manier die niet in overeenstemming is met de manieren van de Heer.

Wanneer u dit ziet of op deze mensen inspeelt, hebt u zich dan niet gefrustreerd gevoeld? Hebt u niet op ze neer gekeken of ze tot bepaalde mate willen ontwijken? Hebt u verlegenheid veroorzaakt bij anderen met uw agressieve woorden of onbeleefde houdingen?

Sommige mensen praten ook over andere personen en veroordelen hen, alsof ze op de stoel van de rechter zitten wanneer die persoon zondigt. Toen er een vrouw voor Jezus werd gebracht die overspel had gepleegd, wezen vele mensen met hun vingers naar haar in oordeel en veroordeling. Maar Jezus veroordeelde haar niet, maar gaf haar een kans voor redding. Wanneer u zo'n hart van barmhartigheid heeft, dan zult u bewogenheid hebben voor degenen die gestraft worden voor hun zonden, en u zult hopen dat ze het overwinnen.

Barmhartigheid voor degenen in moeilijkheden

Wanneer wij barmhartig zijn, zullen wij bewogenheid hebben voor degenen die in moeilijkheden zijn en zullen wij hen graag willen helpen. We zullen niet alleen medelijden in ons hart voelen voor hen en met onze woorden zeggen, "Houdt moed en weest sterk!" We zullen hen wat hulp bieden.

1 Johannes 3:17-18 zegt, *"Wie nu in de wereld een bestaan heeft en zijn broeder gebrek ziet lijden, maar zijn binnenste voor hem toesluit, hoe blijft de liefde Gods in hem? Kinderkens, laten wij liefhebben niet met het woord of met de tong, maar met de daad en in waarheid."* Ook, Jakobus 2:15-16 zegt, *"Stel, dat een broeder of zuster gebrek heeft aan kleding en aan dagelijks voedsel, en iemand uwer zegt tot hen: Gaat heen in vrede, houdt u warm en eet goed, zonder hen echter van het nodige voor het lichaam te voorzien, wat baat dit?"*

U zou niet moeten denken, "Het is erg dat hij honger lijdt, maar ik kan niets voor hem doen, want ik heb net genoeg voor mijzelf." Wanneer u het werkelijk erg vindt met een waar hart, kunt u delen of zelfs uw eigen portie weggeven. Wanneer iemand denkt dat zijn situatie het niet toestaat om andere mensen te helpen, dan is het heel onwaarschijnlijk dat hij anderen zal helpen op het moment dat hij rijk wordt.

Dit betreft niet alleen materiele dingen. Wanneer u iemand ziet die lijdt onder enige soort van probleem, zou u gewillig moeten zijn om te helpen en de pijn te delen met die persoon. Dat is barmhartigheid. Bovendien, zou u voor degenen moeten zorgen die in de Hel vallen, omdat zij niet in de Here geloven. U moet uw uiterste best doen om hen te leiden naar de weg van redding.

Er zijn grote werken van Gods kracht gebeurd, sinds de opening van de Manmin Centrale Kerk. Maar ik vraag nog steeds om grotere kracht en wijdt mijn hele leven toe om die kracht te laten zien. Dat komt omdat ik zelf geleden heb onder armoede, en ik heb volkomen de pijn ervaren van het verlies van hoop vanwege ziekte. Wanneer ik die mensen zie, die lijden onder deze problemen, voel ik hun pijn als mijn eigen pijn, en ik wil hen zo goed mogelijk helpen.

Het is mijn verlangen om hun problemen op te lossen en hen te redden van de straffen van de Hel en hen te leiden naar de Hemel. Maar hoe kan ik alleen zoveel mensen helpen? Het antwoord wat ik hierop ontving is de kracht van God. Ondanks dat ik de problemen van armoede, ziekte en zoveel andere dingen van alle mensen niet kan oplossen, ik kan hen wel helpen om God te ontmoeten en te ervaren. Dat is de reden waarom ik probeer om grotere kracht van God te laten zien, zodat meer mensen God kunnen ontmoeten en ervaren.

Natuurlijk, is het tonen van de kracht niet de vervulling van het proces van redding. Ondanks dat ze geloof krijgen door het zien van de kracht, moeten wij lichamelijk en geestelijk voor hen zorgen totdat ze standvastig staan in geloof. Dat is de reden waarom ik mijn best deed om hulp te voorzien voor de behoeftigen, zelfs wanneer onze gemeente financiële moeilijkheden had. Het was zodat zij voorwaarts konden gaan naar de Hemel met meer kracht. Spreuken 19:17 zegt, *"Wie zich over de arme ontfermt, leent de Here; Hij zal hem zijn weldaad vergelden."* Wanneer u voor de zielen zorgt met het hart van de

Here, zal God u zeker vergelden met Zijn zegeningen.

Wijs niet zomaar de tekortkomingen van anderen aan

Wanneer wij iemand liefhebben, moeten wij hem soms advies geven of bestraffen. Wanneer de ouders hun kinderen niet berispen, maar hen te allen tijde vergeven, omdat ze van hun kinderen houden, dan zullen de kinderen worden verwend. Maar wanneer wij barmhartigheid hebben, kunnen wij niet gemakkelijk straffen, berispen of de tekortkomingen aanwijzen. Wanneer we slechts een woord van advies geven, zullen wij het doen met een biddend hart en zorgen voor dat hart van die persoon. Spreuken 12:18 zegt, *"Er zijn er, wier gepraat werkt als dolksteken, maar de tong der wijzen brengt genezing aan."* Voorgangers en leiders in het bijzonder, die de gelovigen onderwijzen, moeten deze woorden goed onthouden.

U zegt misschien gemakkelijk, "U hebt een leugenachtig hart in u, en u bent God niet welgevallig. U hebt die en die tekortkoming, en u wordt niet geliefd door anderen vanwege deze dingen." Zelfs als datgene wat u zegt de waarheid is, wanneer u tekortkomingen aanwijst in uw zelfrechtvaardiging of kaders zonder liefde, geeft dit geen leven. Anderen zullen niet veranderen als gevolg van het advies, in feite, zullen ze in hun gevoelens gekwetst zijn en ze zullen ontmoedigd worden en de kracht verliezen.

Soms, vragen sommige gemeenteleden aan mij om hun tekortkomingen aan te wijzen zodat ze die kunnen zien en zichzelf kunnen veranderen. Ze zeggen dat ze hun tekortkomingen willen beseffen, en veranderen. Dus, wanneer ik voorzichtig iets begin te zeggen, stoppen ze mijn woorden en beginnen hun standpunt uit te leggen, dus ik kan hen niet echt advies geven. Een stukje advies geven is sowieso niet gemakkelijk. Voor dat moment, kunnen ze het met dankbaarheid aannemen, maar wanneer zij de volheid van de Geest verliezen, weet niemand wat er in hun hart zal gebeuren.

Soms, moet ik dingen aanwijzen om het koninkrijk van God te volbrengen of voor de mensen om de oplossing voor hun problemen te ontvangen. Ik kijk naar de stemming op hun gezichten met een bidden hart, hopende dat ze geen aanstoot zullen nemen of ontmoedigd worden.

Natuurlijk, toen Jezus de Farizeeërs en de Schriftgeleerden bestrafte met krachtige woorden, waren zij niet in staat om Zijn advies aan te nemen. Jezus gaf hen een kans, zodat er ook maar één onder hen zou luisteren naar Hem en zich zou bekeren. Ook, omdat zij de leraars waren van de mensen, wilde Jezus dat de mensen tot besef zouden komen en niet misleid zouden worden door hun hypocrisie. Anders dan zo'n bijzondere gevallen, zou u geen woorden moeten spreken die de gevoelens van anderen aanstoot geven of hun ongerechtigheden laat zien, zodat zij zullen struikelen. Wanneer u advies geeft, omdat het absoluut noodzakelijk is, zou u het moeten doen in liefde, denkende aan het standpunt van de ander en met zorg voor die ziel.

Wees vrijgevig voor iedereen

De meeste mensen kunnen vrijgevig geven wat ze hebben tot de mate dat zij die ander liefhebben. Zelfs degenen die gierig zijn kunnen uitlenen of cadeautjes geven aan anderen als ze weten dat ze er iets voor terugkrijgen. In Lucas 6:32 zegt het, *"En indien gij liefhebt, die u liefhebben, wat hebt gij vóór? Immers, ook de zondaars hebben lief, die hen liefhebben."* We kunnen de vrucht van barmhartigheid dragen, wanneer we onszelf geven zonder er iets voor terug te verwachten.

Jezus wist vanaf het begin dat Judas Hem zou verraden, maar hij verraadde Hem op dezelfde manier als de andere discipelen Hem verraden. Hij gaf hem vele kansen, opnieuw en opnieuw, zodat hij zich kon bekeren. Zelfs toen Hij gekruisigd werd, bad Jezus voor degenen die Hem kruisigden. Lucas 23:34 zegt, *"Vader, vergeef het hun, want zij weten niet wat zij doen."* Dat is barmhartigheid waarmee wij kunnen vergeven, zelfs degenen die we helemaal niet kunnen vergeven.

In het boek Handelingen, kunnen we zien dat Stefanus ook deze vrucht van barmhartigheid had. Hij was geen apostel, maar hij was gevuld met genade en kracht van God. Grote wonderen en tekenen gebeurden door hem. Degenen die dit feit niet leuk vonden, probeerden met hem te argumenteren, maar wanneer hij antwoordde met de wijsheid van God in de Heilige Geest, konden zij geen tegenargument vinden. Er wordt gezegd dat de mensen zijn gezicht zagen, en dat het geleek op dat van een engel (Handelingen 6:15).

De joden kregen pijnscheuten in hun geweten terwijl zij luisterden naar de boodschap van Stefanus, en ze namen hem uiteindelijk mee buiten de stad en stenigden hem ter dood. Zelfs terwijl hij stervende was, bad hij voor degenen die stenen naar hem gooiden, zeggende, *"Here, reken hun deze zonde niet toe!"* (Handelingen 7:60). Dit laat ons zien dat hij hen al had vergeven. Hij had geen haat tegenover hen, maar hij had enkel de vrucht van barmhartigheid, en was bewogen over hen. Stefanus kon zo'n grote werken verrichtten, omdat hij zo'n hart had.

Hoeveel hebt u uzelf ontwikkeld met dit soort van hart? Is er nog steeds iemand die u niet leuk vindt of iemand die niet in een goed daglicht bij u staat? U zou in staat moeten zijn om anderen te aanvaarden en te omarmen, zelfs wanneer hun karakters en meningen niet overeenstemmen met die van u. U zou eerst moeten denken vanuit het standpunt van die persoon. Dan kunt u uw gevoelens van afkeer tegen die persoon veranderen.

Wanneer u enkel denkt, "Waarom doet hij dit toch? Ik kan hem echt niet begrijpen," dan zult u alleen maar moeilijke gevoelens hebben en u zult u ongemakkelijk voelen wanneer u hem ziet. Maar wanneer u kunt denken, "Ah, in zijn positie kan hij op die manier handelen," dan kunt u de gevoelens van afkeer veranderen. Nu, zult u eerder genade met die persoon hebben, die niet anders kan dan dat te doen, en u zult voor hem bidden.

Wanneer u uw gedachten en gevoelens op die manier verandert, kunt u de haat en andere slechte gevoelens, één voor één uitrukken. Wanneer u het gevoel vasthoudt, dat wil zeggen, volhouden aan uw koppigheid, kunt u anderen niet aanvaarden. Noch kunt u de gevoelens van haat of moeilijke gevoelens in u uitrukken. U zou alle zelfgerechtigheid moeten verwerpen en uw gedachten en gevoelens moeten veranderen, zodat u elk soort persoon kunt aanvaarden en dienen.

Schrijf de eer toe aan anderen

Om de vrucht van barmhartigheid te dragen, zouden wij anderen eer moeten geven wanneer iets goed gaat, en we zouden de schuld moeten aannemen wanneer iets verkeerd gaat. Wanneer de andere persoon alle erkenning ontvangt, en meer wordt geëerd, ondanks dat u samen hebt gewerkt, kunt u zich toch verblijden met hem alsof het uw eigen geluk was. U zult zich niet ongemakkelijk voelen, denkende dat u meer werk hebt verricht en dat die persoon meer geëerd wordt ondanks zijn vele tekortkomingen. U zult enkel dankbaar zijn, denkende dat hij meer zekerheid en harder gaat werken na de eer van anderen te hebben ontvangen.

Wanneer de moeder iets doet met haar kind, en het kind alleen ontvangt de beloning, hoe zal de moeder zich voelen? Er zou geen enkele moeder zijn die klagend zegt dat ze haar kind geholpen heeft om het werk goed te doen en dat zij geen beloning ontving. Het is ook goed voor een moeder om van anderen te horen dat zij mooi is, maar ze is nog blijer wanneer mensen zeggen dat haar dochter mooi is.

Wanneer wij de vrucht van barmhartigheid hebben, kunnen wij de andere persoon voor ons plaatsen en de verdienste aan hem toeschrijven. En we zullen ons samen met hem verblijden alsof wij zelf geëerd werden. Barmhartigheid is een karaktertrek van God, de Vader, die vol van bewogenheid en liefde is. Niet alleen barmhartigheid, maar alle vruchten van de Heilige Geest, zijn ook in het hart van de volmaakte God. Liefde, blijdschap, vrede, lankmoedigheid, en alle andere vruchten zijn de verschillende aspecten van Gods hart.

Daarom, om de vruchten van de Heilige Geest te dragen, betekent dat we moeten streven naar het hart van God in ons en volmaakt moeten zijn zoals God volmaakt is. Des te meer de geestelijke vruchten rijp worden in u, des te liefelijker u zult worden, en God zal niet in staat zijn om Zijn liefde voor u te bedwingen. Hij zal zich over u verblijden, zeggende, dat u Zijn zonen en dochters bent, die zoveel op Hem gelijken. Wanneer u Gods kinderen wordt, die Hem welgevallig zijn, kunt u alles ontvangen wat u vraagt in gebed, en zelfs de dingen die u in uw hart koestert, kent God en antwoordt u. Ik hoop dat u allen de vruchten van de Heilige Geest volledig zult dragen en God in alle dingen zult behagen, zodat u overvloedige zegeningen kunt ontvangen en mag genieten van grote eer in het koninkrijk van de Hemel, als kinderen die volkomen op God gelijken.

Filippenzen 2:5

"Laat die gezindheid bij u zijn,

welke ook in Christus Jezus was."

Tegen Zodanige Mensen Is De Wet Niet

Hoofdstuk 7

Goedheid

De vrucht van goedheid
Goedheid zoeken overeenkomstig de verlangens van de Heilige Geest
Kies in alle dingen goedheid zoals de barmhartige Samaritaan
Maak in geen enkele situatie ruzie of schep niet op
Verbreek het geknakte riet niet of doof de walmende vlaspit niet uit
Kracht om goedheid in waarheid te volgen

Goedheid

Op een nacht, ging een jonge man met onverzorgde kleding naar een ouder koppel toe om een kamer te huren. Het koppel had medelijden met hem en verhuurden de kamer aan hem. Maar deze jonge man ging niet werken, maar spendeerde zijn dagen al drinkende. In zo'n geval zouden de meeste mensen hem eruit willen zetten, denkende dat hij niet in staat zal zijn om de huur te betalen. Maar dit oudere koppel gaf hem van tijd tot tijd een goede maaltijd en bemoedigden hem terwijl ze het evangelie aan hem brachten. Hij werd aangeraakt door hun liefdevolle handelingen, omdat ze hem behandelden als hun eigen zoon. Hij nam uiteindelijk Jezus Christus aan en werd een vernieuwd mens.

De vrucht van goedheid

Om zelfs de verwaarloosden of de verschoppelingen van de maatschappij lief te hebben tot het einde, zonder het op te geven, is goedheid. De vrucht van goedheid wordt niet alleen in het hart gedragen, maar het wordt geopenbaard in daden, zoals in het geval van het oudere koppel.

Wanneer wij de vrucht van goedheid dragen, zullen wij de geur van Christus overal verspreiden. Mensen om ons heen zullen aangeraakt worden, wanneer zij onze goede daden zien en zullen God de glorie geven.

"Goedheid" is de kwaliteit van vriendelijkheid, consideratie, goedaardigheid, en deugdzaamheid. In de geestelijke zin, is het echter het hart dat de goedheid in de Heilige Geest zoekt in waarheid. Wanneer wij deze vrucht van goedheid ten volle dragen, zullen wij het hart van de Here hebben dat zuiver en vlekkeloos is.

Soms, volgen zelfs de ongelovigen die de Heilige Geest niet hebben ontvangen de goedheid tot een bepaalde mate in hun leven. Wereldse mensen onderscheiden en oordelen of iets goed of kwaad is overeenkomstig hun eigen geweten. In de afwezigheid van pijnscheuten in het geweten, denken wereldse mensen dat ze goed en rechtvaardig zijn. Maar het geweten van een persoon verschilt van persoon tot persoon. Om goedheid te begrijpen als de vrucht van de Heilige Geest, moeten we eerst het geweten van de mensen begrijpen.

Goedheid zoeken overeenkomstig de verlangens van de Heilige Geest

Sommige nieuwe gelovigen oordelen de boodschappen overeenkomstig hun eigen kennis en geweten, zeggende, "Die opmerking is niet in overeenstemming met deze wetenschappelijke theorie." Maar wanneer zij in het geloof opgroeien en het Woord van God leren, komen zij tot het besef dat hun standaard van oordeel niet correct is.

Het geweten is de standaard om het goede en het kwade van elkaar te onderscheiden, welke gebaseerd is op het fundament van iemands natuur. Iemands natuur hangt af van het soort van levensenergie waarmee iemand geboren is en het soort van omgeving waar in hij is opgegroeid. Die kinderen die goede levensenergie ontvangen, hebben relatief goede natuur. Ook mensen die opgegroeid zijn in een goede omgeving, vele goede dingen zien en horen, zullen ook een goed geweten vormen. Aan de andere kant, wanneer iemand geboren wordt met vele slechte naturen van zijn ouders, en in contact komt met vele slechte dingen, zullen zijn natuur en geweten ook slecht worden. Bijvoorbeeld, kinderen die geleerd hebben om eerlijk te zijn, zullen wroeging voelen in hun geweten wanneer zij een leugen vertellen. Maar die kinderen die opgegroeid zijn onder leugenaars, zullen het heel gewoon vinden om te liegen. Ze denken er niet eens over na dat ze liegen. Door te denken dat het OK is om te liegen, wordt hun geweten zoveel bevlekt met het kwade, dat ze er zelfs geen pijnscheuten meer van hebben in hun geweten.

Ook, ondanks dat kinderen door dezelfde ouders worden opgevoed, in dezelfde omgeving, nemen zij dingen op verschillende manieren op. Sommige kinderen gehoorzamen slechts hun ouders, terwijl andere kinderen weer een sterke wil hebben en de neiging hebben om ongehoorzaam te zijn. Ondanks dat broers/zussen door dezelfde ouders worden opgevoed, zal hun geweten op verschillende manieren worden gevormd.

Het geweten wordt verschillend gevormd en is afhankelijk van de sociale en economische waarden waarin zij opgroeien. Elke maatschappij heeft een ander waardesysteem, en de standaard van 100, 50 jaar geleden en dat van vandaag zijn geheel verschillend. Bijvoorbeeld, toen het normaal was om slaven te hebben, dachten mensen niet dat het verkeerd was om de slaven te slaan en ze tot hard werken te dwingen. Ook, ongeveer 30 jaar geleden, was het sociaal onaanvaardbaar voor een vrouw om haar lichaam te laten zien op een openbare uitzending. Zoals vermeld, wordt het geweten anders overeenkomstig het individu, het gebied en de tijd. Degenen die denken dat ze hun geweten volgen, denken over het algemeen dat ze het goede volgen. Er kan echter niet van ze worden gezegd dat ze in absolute goedheid wandelen.

Maar wij die gelovigen in God zijn, hebben dezelfde standaard waarmee wij het goede en het kwade onderscheiden. We hebben het Woord van God als de standaard. Deze standaard is gisteren, vandaag en voor eeuwig dezelfde. Geestelijke goedheid is om deze waarheid te hebben als ons geweten en het volgen. Het is de gewilligheid om de verlangens van de Heilige Geest te volgen en goedheid te zoeken. Maar om enkel het verlangen te hebben om goedheid te volgen, kunnen wij niet zeggen dat wij de vrucht van goedheid dragen. We kunnen alleen zeggen dat we de vrucht van goedheid dragen wanneer we dat verlangen van goedheid daadwerkelijk volgen en ook in de praktijk uitoefenen.

Mattheüs 12:35 zegt, *"Een goed mens brengt uit zijn goede schat goede dingen voort."* Spreuken 22:11 zegt ook, *"Wie reinheid van hart bemint en wiens lippen vriendelijk zijn, de koning is zijn vriend."* Zoals in de bovenvermelde verzen, zullen degenen die echt goedheid zoeken, gewoonlijk goede daden hebben, die ook uiterlijk zichtbaar zijn. Overal waar zij gaan en wie ze ook maar tegenkomen, tonen zij vrijgevigheid en liefde met goede woorden en daden. Net zoals een persoon die parfum op heeft, lekker ruikt, zullen degenen die goedheid hebben de geur van Christus uitdragen.

Sommige mensen verlangen om een goed hart te ontwikkelen, dus zij volgen geestelijke personen en willen vriendschappen met hen. Zij genieten ervan om de waarheid te horen en te leren. Ze worden gemakkelijk aangeraakt en huilen ook veel. Maar ze kunnen niet zomaar een goed hart ontwikkelen omdat ze ernaar verlangen. Als zij iets hebben gehoord en geleerd, moeten zij het in hun hart ontwikkelen en eigenlijk ook uitoefenen in de praktijk. Bijvoorbeeld, wanneer u alleen maar in de buurt goede mensen wilt zijn, en degenen die niet goed zijn, ontwijkt, is dat echt verlangen naar goedheid?

Er zijn ook dingen die we kunnen leren van degenen die niet echt goed zijn. Ondanks dat je niet alles van ze kunt leren, kunt u toch lessen ontvangen vanuit hun leven. Wanneer er iemand is met een opvliegend karakter, kunt u leren dat hij door zijn opvliegendheid regelmatig ruzie en argumenten krijgt. Vanuit deze observatie kunt u leren, waarom u niet zo opvliegend moet zijn. Wanneer u alleen maar omgaat met degenen die goed zijn, kunt u niet leren van de relativiteit van dingen die u ziet of hoort. Er zijn altijd dingen die u kunt leren van allerlei soorten van mensen. U denkt misschien dat u heel erg verlangt naar goedheid, en vele dingen leert en beseft, maar u zou uzelf moeten onderzoeken of u al dan niet gebrek hebt aan feitelijke daden die de goedheid verzameld.

Kies in alle dingen goedheid zoals de barmhartige Samaritaan

Laten we eens meer gedetailleerd kijken, vanuit dit punt, naar wat geestelijke goedheid is, welke is om goedheid in waarheid na te jagen en in de Heilige Geest. In feite is geestelijke goedheid een heel breed concept. Gods natuur is goedheid, en die goedheid is in de Bijbel vastgelegd. Maar een vers waarmee we de geur van goedheid heel goed kunnen uitdrukken is van Filippenzen 2:1-4:

"Indien er dan enig beroep (op u gedaan mag worden) in Christus, indien er enige bemoediging is der liefde, indien er enige gemeenschap is des geestes, indien er enige ontferming en barmhartigheid is, maakt (dan) mijn blijdschap volkomen door eensgezind te zijn, één in liefdebetoon, één van ziel, één in streven, zonder zelfzucht of ijdel eerbejag; doch in ootmoedigheid achte de een de ander uitnemender dan zichzelf; en ieder lette niet slechts op zijn eigen belang, maar ieder (lette) ook op dat van anderen."

Een persoon die geestelijke goedheid draagt, zoekt goedheid in de Here, dus hij ondersteunt zelfs de werken waar hij niet helemaal mee eens is. Zo'n persoon is nederig en heeft geen enkel gevoel van ijdelheid om erkend of geopenbaard te worden. Ondanks dat anderen niet zo rijk of intelligent zijn als hem, respecteert hij hen van het hart en kan hij hun echte vriend worden.

Ondanks dat anderen hem een moeilijke tijd bezorgen zonder oorzaak, aanvaardt hij hen met liefde. Hij dient hem en vernedert zichzelf, dus hij kan met iedereen vrede hebben. Hij zal niet alleen getrouw zijn plichten vervullen, maar ook zorgen voor het werk van andere mensen, In Lucas hoofdstuk 10, vinden we het parabel van de barmhartige Samaritaan.

Een man werd overvallen tijdens zijn reis van Jeruzalem naar Jericho. De rovers kleden hem uit en lieten hem half dood achter. Een priester kwam voorbij en zag dat hij stervende was, maar de priester ging aan hem voorbij. Een Leviet zag hem ook, maar ook hij ging voorbij. De Priesters en Levieten zijn degenen die het Woord van God kennen en die God dienen. Ze kennen de Wet beter dan alle andere mensen. Ze zijn ook trots over hoe goed zij God dienen.

Wanneer zij de wil van God moesten volgen, lieten zij geen daden zien, die zij behoorden te laten zien. Natuurlijk, konden zij zeggen dat ze redenen hadden, waarom zij hem niet konden helpen. Maar als zij goedheid hadden gehad, zouden zij niet zomaar een persoon, die echt hulp nodig had, hebben kunnen negeren.

Later, kwam er een Samaritaan voorbij, en zag hij deze man die beroofd was. Deze Samaritaan had medelijden met hem en bedekte zijn wonden. Hij droeg hem op zijn dier, en bracht hem naar een herberg en vroeg de eigenaar van de herberg om voor hem te zorgen. De volgende dag gaf hij twee denari en beloofde dat hij op zijn terugweg de extra kosten dan zou betalen aan de eigenaar van de herberg.

Wanneer de Samaritaan zelfzuchtig had gedacht, had hij geen enkele reden gehad om zo te handelen. Hij was te druk, en hij zou tijd en geld verliezen, als hij betrokken zou raken in de zaken van een totale vreemdeling. Hij had hem ook alleen eerste hulp kunnen bieden, maar hij had de eigenaar van de herberg niet hoeven te vragen om voor hem te zorgen en de extra kosten te betalen.

Maar vanwege zijn goedheid, kon hij een persoon die stervende was niet negeren. Zelfs al zou hij verlies aan tijd en geld lijden, en ondanks dat hij druk was, kon hij niet over de persoon heen kijken die in wanhopige nood van zijn hulp was. Toen hij de persoon niet zelf kon helpen, vroeg hij een ander persoon om te helpen. Als hij ook voorbij was gelopen vanwege persoonlijke redenen, zou die Samaritaan in de toekomst waarschijnlijk een last op zijn hart hebben gehad.

Hij zou zichzelf voortdurend hebben afgevraagd en beschuldigd, denkende, "Ik vraag mij af wat er met die gewonde man is gebeurd. Ik had hem moeten redden ondanks dat ik verlies had geleden. God keek naar mij en hoe heb ik dit kunnen doen?" Geestelijke goedheid is het niet in staat zijn om te verdragen wanneer we de weg van goedheid niet kiezen. Zelfs met de gevoelens dat iemand ons probeert te bedriegen, kiezen we in alle dingen goedheid.

Maak in geen enkele situatie ruzie of schep niet op

Een ander vers dat ons geestelijke goedheid laat voelen, is Mattheüs 12:19-20. Vers 19 zegt, *"Hij zal niet twisten of schreeuwen, en niemand zal op de pleinen zijn stem horen."* Vervolgens zegt vers 20, *"Het geknakte riet zal Hij niet verbreken en de walmende vlaspit zal Hij niet uitdoven, voordat Hij het oordeel tot overwinning heeft gebracht."*

Dit gaat over de geestelijke goedheid van Jezus. Tijdens Zijn bediening, had Jezus geen problemen of met iemand ruzie. Sinds zijn kinderjaren, gehoorzaamde Hij het Woord van God, en tijdens Zijn openbare bediening, deed Hij enkel goede dingen, preekte het koninkrijk van de Hemel en genas de zieken. En toch, testten de slechten Hem met vele woorden in de poging om Hem te kunnen doden.

Iedere keer, kende Jezus hun kwade bedoelingen, maar haatte hen niet. Hij liet ze alleen maar de ware wil van God beseffen. Wanneer zij het niet beseften, maakte Hij geen ruzie met hen, maar ontweek hen. Zelfs toen Hij ondervraagt werd voor de kruisiging, maakt Hij geen ruzie noch argumenteerde Hij.

Wanneer we het stadium van nieuweling in ons christelijke geloof voorbij zijn, leren wij het Woord van God tot een bepaalde mate. We zouden niet gaarne onze stem verheffen of een woedeaanval hebben, omdat we een onenigheid hebben met anderen. Maar ruzie maken, is niet alleen onze stem verheffen. Wanneer wij onaangename gevoelens hebben mede door onenigheden, dan hebben we ruzie. We zeggen dat we ruzie hebben, omdat de vrede verbroken is.

Wanneer er ruzie is in het hart, dan ligt de oorzaak in die persoon zelf. Het komt niet omdat iemand ons een moeilijke tijd geeft. Het is niet omdat ze niet handelen zoals wij denken dat het goed is. Het komt omdat onze harten te bekrompen zijn om ze te aanvaarden, en het komt omdat we een denkkader hebben dat ons tot een dreigende conflictsituatie brengt met vele dingen.

Een stuk zacht katoen maakt geen lawaai wanneer het een voorwerp raakt. Zelfs wanneer we een glas schudden dat puur en helder water bevat, zal het water nog steeds puur en helder zijn. Het is ook zo met het hart van mensen. Wanneer de vrede in het denken wordt verbroken, en er onaangename gevoelens opkomen in bepaalde situaties, komt dat omdat er nog steeds zonde in het hart aanwezig is.

Er wordt gezegd dat Jezus het niet uitschreeuwde, om wat voor reden schreeuwen mensen het uit? Het komt omdat ze zichzelf willen laten zien en willen pronken. Ze schreeuwen omdat ze erkend en bediend willen worden door andere mensen.

Jezus liet zo'n ontzagwekkende werken zien, zoals de doden opwekken, en de ogen van de blinden openen. Maar, Hij was nog steeds nederig. Bovendien, zelfs wanneer mensen met Hem spotten, terwijl ze Hem aan het kruis hing, gehoorzaamde Hij slechts de wil van God tot de dood, want Hij had geen enkele bedoeling om Zichzelf te openbaren (Filippenzen 2:5-8). Er wordt ook gezegd, dat niemand Zijn stem kon horen op de straten. Het laat ons zien dat Zijn manieren perfect waren. Hij was perfect in Zijn dragen, houding, en manier van spreken. Zijn extreme goedheid, nederigheid, en geestelijke liefde die diep in Zijn hart waren, werden uiterlijk geopenbaard.

Wanneer wij de geestelijke vrucht van goedheid dragen, zouden wij met niemand ruzie of problemen moeten hebben, net zoals onze Heer geen conflicten had. We zouden niet spreken over de fouten of tekortkomingen van andere mensen. We zouden niet proberen om te pronken over onszelf of onszelf te verheffen onder anderen. Zelfs wanneer we zonder reden lijden, klagen we niet.

Verbreek het geknakte riet niet of dooft de walmende vlaspit niet uit

Wanneer wij een boom of een plant willen laten groeien, zullen wij normaal de geknakte bladeren of takken afknippen. Ook wanneer een pit smeult, is het licht niet meer stralend, en het geeft damp en stinkt. Sommige mensen doven het uit. Maar degenen die de geestelijke goedheid hebben zullen "een geknakt riet niet verbreken of een walmende vlaspit niet uitdoven."

Wanneer er ook maar een klein beetje kans op herstel is, kunnen ze het leven niet afsnijden, en zullen zij proberen om een weg van leven te openen voor anderen.

Hier, verwijst het "geknakte riet" naar degenen die gevuld zijn met de zonden en het kwade van deze wereld. De walmende vlaspit symboliseert degenen wiens harten bevlekt zijn met de zonde, dat het licht van hun ziel op het punt staat om uit te sterven. Het is onwaarschijnlijk dat deze mensen die als geknakt riet en een walmende vlaspit zijn, de Here zullen aannemen. Ondanks dat zij in God geloven, zijn hun daden niet anders dan die van de wereldse mensen. Ze spreken zelfs tegen de Heilige Geest of staan op tegen God. In de tijd van Jezus, waren er velen die niet in Jezus geloofden. En zelfs al zagen zij zoveel ontzagwekkende werken van kracht, ze stonden op tegen de werken van de Heilige Geest. Toch keek Jezus naar hen met geloof tot het einde en opende gelegenheden voor hen om redding te ontvangen.

Vandaag, zelfs in de kerken, zijn er vele mensen die als een geknakt riet en een walmende vlaspit zijn. Ze roepen, "Here, Here" met hun lippen, maar leven nog steeds in zonden. Sommige van hen staan zelfs op tegen God. Met hun zwakke geloof, struikelen zij in verzoekingen en stoppen met naar de kerk gaan. Na het doen van dingen die erkend worden als zonde in de kerk, worden zij zo in verlegenheid gebracht dat ze de kerk verlaten. Wanneer wij goedheid hebben, zouden wij eerst onze handen naar hen moeten uitstrekken.

Sommige mensen willen geliefd worden en erkend worden in de kerk, maar wanneer het niet gebeurt, komt het kwade in hen naar buiten. Ze worden jaloers op degenen die geliefd worden door de gemeenteleden en degenen die voortgaan in de geest, en spreken slecht over hen. Ze verzamelen hun hart niet voor een bepaald werk, als het niet wordt opgestart door hen, en ze proberen fouten te vinden in die werken.

Zelfs in die gevallen, zullen degenen die de vrucht van geestelijke goedheid hebben, die mensen aannemen die hun zonde beleden. Ze proberen niet om te onderscheiden wie juist of fout is, of goed of slecht, en ze dan verdrukken. Ze smelten en raken hun harten aan door hen te behandelen in goedheid met een waarachtig hart.

Sommige mensen vragen mij om de identiteit van die mensen die naar de kerk komen met bijbedoelingen te openbaren. Ze zeggen dat door zo te doen, de gemeenteleden niet misleid zullen worden en dat zo'n mensen helemaal niet meer naar de kerk zullen komen. Ja, het openbaren van hun identiteit kan de gemeente reinigen, maar hoe pijnlijk zal het zijn voor hun familieleden of degenen die hen meebrachten naar de kerk? Wanneer wij de gemeenteleden verwijderen om verschillende redenen, zullen niet veel mensen overblijven in de kerk. Het is een van de plichten van een gemeente om te veranderen, zelfs de slechte mensen, en hen te leiden tot het koninkrijk van de Hemel.

Natuurlijk, blijven sommige mensen voortdurend toenemen in het kwade, en zij zullen vallen op de weg van de dood, zelfs wanneer wij goedheid aan hen betonen. Maar zelfs in deze gevallen, zullen wij geen limiet stellen aan onze volharding en hen verlaten wanneer zij over die limiet gaan. Het is de geestelijke goedheid om hen te proberen toe te staan om het geestelijke leven te zoeken zonder op te geven tot het einde.

Het koren en het kaf gelijkt op elkaar, maar het kaf is vanbinnen leeg. Na de oogst, zal de boer het graan in de schuur verzamelen en het kaf verbranden. Of hij zal het gebruiken als kunstmest. Er is ook koren en kaf in de gemeente. Aan de buitenkant, lijkt iedereen gelovig te zijn, maar daar is het koren dat het Woord van God gehoorzaamt, terwijl er het kaf is, dat het kwade volgt.

Maar net zoals de boer wacht tot de oogst, wacht de God van liefde tot het einde, op degenen die als kaf zijn om te veranderen. Totdat de laatste dag komt, moeten wij aan iedereen kansen geven om te worden gered en naar iedereen kijken met de ogen van geloof, door geestelijke goedheid in ons te ontwikkelen.

Kracht om goedheid in waarheid te volgen

U voelt zich misschien verward over hoe anders deze geestelijke goedheid is van de geestelijke karaktertrekken. Namelijk, in de parabel van de barmhartige Samaritaan, kunnen zijn daden worden beschreven als liefdadig in denken en barmhartig; en wanneer wij geen ruzie maken of onze stemmen niet verheffen, dan moeten wij in vrede zijn en in nederigheid. Zijn al deze dingen dan opgenomen in het karakter van geestelijke goedheid?

Natuurlijk, behoren liefde, gewilligheid van hart, en nederigheid tot goedheid. Zoals eerder vermeld, is goedheid de natuur van God en is het een heel breed concept. Maar de onderscheidende aspecten van geestelijke goedheid zijn het verlangen om zo'n goedheid te volgen en de kracht om het ook in de praktijk te brengen. De nadruk ligt niet op barmhartig, als medelijden hebben met anderen of het helpen van die persoon. De nadruk ligt op de goedheid waarmee de Samaritaan niet zomaar voorbij kon lopen, wanneer hij barmhartig moest zijn.

Ook, geen ruzie maken en het niet uitspreken is een deel van nederig zijn. Maar het karakter van geestelijke goedheid, in deze gevallen, is dat we de vrede niet kunnen verbreken omdat we de geestelijke goedheid volgen. Eerder dan het uit te schreeuwen en erkend te willen worden, willen we nederig zijn omdat we deze goedheid volgen.

Wanneer wij getrouw zijn, als wij goedheid hebben, zullen wij niet alleen in een ding getrouw zijn, maar ook in alles wat Gods huis betreft. Wanneer u een van uw plichten veronachtzaamt, kan het zijn dat er daarom iemand lijdt. Gods koninkrijk kan niet zo worden volbracht als het zou moeten. Dus, wanneer u goedheid in u heeft, zult u zich niet gemakkelijk voelen over deze dingen. U kunt ze niet zomaar verwaarlozen, dus u zult proberen getrouw te zijn in geheel Gods huis. U kunt deze principes toepassen op alle andere kenmerken van de Geest.

Degenen die slecht zijn zullen zich ongemakkelijk voelen, wanneer zij het kwade niet doen. Tot de mate dat zij slecht zijn, zullen zij zich goed voelen als zij ook zoveel kwaad hebben gedaan. Voor degenen die de gewoonte hebben om tussen een gesprek te komen terwijl anderen praten, kunnen zichzelf niet beheersen, als zij niet tussen gesprekken van anderen kunnen komen. Ondanks dat ze de gevoelens van andere kwetsen of hen een moeilijke tijd geven, kunnen zij alleen vrede hebben met zichzelf, als zij datgene wat ze wilden doen hebben gedaan.

Niettemin, wanneer zij herinneren en deze slechte gewoonten en houdingen proberen te verwerpen, die niet in overeenstemming zijn met het Woord van God, zullen zij in staat zijn om het meeste te verwerpen. Maar wanneer zij het niet proberen, en opgeven, zullen ze zo blijven, zelfs na tien of twintig jaren. Maar de mensen met goedheid zijn net het tegenovergestelde. Wanneer zij de goedheid niet volgen, zullen zij zich ongemakkelijker voelen, dan wanneer zij verlies lijden, en ze zullen hier herhaaldelijk aan denken. Dus, ondanks dat zij verlies lijden, willen zij niemand kwetsen. Zelfs al vinden zij het lastig, zij proberen zich toch aan de regels te houden.

We kunnen dit hart voelen van wat Paulus zei. Hij had het geloof om vlees te eten, maar als het een struikelblok vormde voor een ander persoon, wilde hij geen vlees eten, voor de rest van zijn leven. Op dezelfde manier, wanneer datgene waar zij van kunnen genieten, enige vorm van ongemak veroorzaakt voor anderen, zullen de mensen van goedheid er dan liever niet van genieten en zich gelukkiger voelen als ze het opgeven omwille van die andere. Ze kunnen niets doen wat anderen in verlegenheid brengt; en ze kunnen nooit iets doen wat de Heilige Geest in hen zou laten kreunen.

Evenzo, wanneer u de goedheid in alle dingen volgt, betekent dat dat u de vrucht van geestelijke goedheid draagt. Wanneer u de vrucht van geestelijke goedheid draagt, zult u de houding van de Here hebben. U zult niets doen, dat een ander zou laten struikelen. U zult ook uiterlijke goedheid en nederigheid hebben. U zult behoorlijk de vorm van de Here hebben, en uw gedrag en taal zullen volmaakt zijn. U zult mooi zijn in ieders ogen, terwijl u de geur van Christus uitdraagt.

Mattheüs 5:15-16 zegt, *"...Ook steekt men geen lamp aan en zet haar onder de korenmaat, maar op de standaard, en zij schijnt voor allen, die in het huis zijn. Laat zo uw licht schijnen voor de mensen, opdat zij uw goede werken zien en uw Vader, die in de hemelen is, verheerlijken."* Ook, 2 Korintiërs 2:15 zegt, *"Want wij zijn voor God een geur van Christus onder hen, die gered worden, en onder hen, die verloren gaan."* Daarom, hoop ik dat u in alle dingen glorie geeft aan God door de vrucht van geestelijke goedheid snel te dragen en de geur van Christus uit te dragen in de wereld.

Numeri 12:7-8

"Hij is vertrouwd in geheel Mijn huis.

Van mond tot mond spreek Ik met hem,

duidelijk en niet in raadselen,

maar hij aanschouwt de gestalte des Heren."

Tegen Zodanige Mensen Is De Wet Niet

Hoofdstuk 8

Trouw

Voor onze trouw om te worden erkend
Doe meer dan het gegeven werk
Wees getrouw in waarheid
Werk naar de wil van de meester
Wees getrouw in geheel Gods huis
Trouw in Gods koninkrijk en gerechtigheid

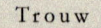

Trouw

Een man ging op reis naar een vreemd land. Terwijl hij weg was, moest er voor zijn bezittingen worden gezorgd, dus hij gaf deze taak aan zijn drie slaven. Overeenkomstig hun bekwaamheden, gaf hij ieder respectievelijk, één talent, twee talenten, en vijf talenten. De slaaf die vijf talenten had ontvangen, gebruikte ze om ermee te handelen en verdiende vijf talenten erbij. De slaaf die twee talent kreeg, verdiende er ook twee bij. Maar degene met één talent, begroef zijn talent in de grond en maakte er geen winst mee.

De meester prees de slaven die de twee en vijf talent erbij hadden verdiend, en gaf hen beloningen, zeggende, *"Wèl gedaan, gij goede en getrouwe slaaf"* (Mattheüs 25:21). Maar hij bestrafte de slaaf die het ene talent had begraven, zeggende, *"Gij slechte en luie slaaf"* (v. 26).

God geeft ons ook vele plichten overeenkomstig onze talenten, zodat we voor Hem kunnen werken. Alleen wanneer we de plichten met al onze kracht en voordeel brengen aan het koninkrijk van God, zullen wij worden erkend als een "goede en getrouwe slaaf."

Voor onze trouw om te worden erkend

Het woordenboek definieert het woord "getrouwheid" als "de kwaliteit van standvastig zijn in genegenheid of trouw, of standvastig in het leven aan de belofte of in observatie van plicht." Zelfs in de wereld, worden getrouwe mensen van hoge waarde geschat omdat ze betrouwbaar zijn.

Maar het soort van trouw dat door God wordt erkend is

anders dan die van de wereldse mensen. Alleen maar onze plicht volledig vervullen in daden wordt niet gezien als geestelijk trouw. Ook, wanneer we al onze pogingen en zelfs ons leven in een bepaald gebied plaatsen, is dat niet volledige trouw. Wanneer wij onze plichten als vrouw, moeder, of man vervullen, kan dat volledige trouw worden genoemd? Het is alleen maar datgene doen, wat we hadden moeten doen.

Degenen die geestelijk trouw zijn, zijn schatten in het koninkrijk van God en ze dragen een heerlijke geur uit. Ze dragen de geur van een onveranderlijk hart, de geur van standvastige gehoorzaamheid. Iemand kan het vergelijken met de gehoorzaamheid van een goed werkende koe, en de geur van een waarachtig hart. Wanneer wij dit soort van geuren kunnen uitdragen, zal de Here ook zeggen dat we zo liefelijk zijn en Hij wil ons omarmen. Dat was ook zo met Mozes.

De zonen van Israël waren slaven in Egypte geweest voor meer dan 400 jaren, en Mozes had zijn plicht vervuld om hen naar het land Kanaän te leiden. Hij werd zo door God geliefd, dat God van aangezicht tot aangezicht met hem sprak. Hij was getrouw in geheel Gods huis en vervulde alles wat God hem gebood. Hij keek niet eens naar alle problemen die hij zou kunnen tegenkomen. Hij was veel getrouwer op alle gebieden, zowel in het vervullen van zijn plicht als de leider van Israël, alsook het getrouw zijn aan zijn familie.

Op een dag, kwam Jetro, de schoonvader van Mozes naar hem toe. Mozes sprak met hem over alle ontzagwekkende dingen die God had gedaan voor het volk Israël. De volgende dag zag Jetro iets vreemds. De mensen gingen vroeg in de morgen in een rij staan, om Mozes te zien. Ze brachten hun onenigheden bij Mozes, die ze zelf niet konden oordelen. Jetro gaf nu een suggestie.

Exodus 18:21-22 zegt, *"Daarnaast moet gij onder het gehele volk omzien naar flinke, godvrezende, betrouwbare mannen, die winstbejag haten, en hen over hen aanstellen als oversten van duizend, oversten van honderd, oversten van vijftig en oversten van tien. Die zullen te allen tijde onder het volk rechtspreken; dan zullen zij alle grote zaken voor u brengen, maar alle kleine zaken zullen zij zelf berechten, zodat zij u verlichting geven en met u meedragen."*

Mozes luisterde naar zijn woorden. Hij besefte dat zijn schoonvader gelijk had en aanvaarde zijn suggestie. Mozes selecteerde bekwame mannen, die winstbejag haatten, en bracht hen voor de mensen als leiders over duizend, over honderd, over vijftig en over tien. Ze handelden als rechters voor het volk in de eenvoudige routine zaken en Mozes sprak enkel recht over de grote zaken.

Iemand kan de vrucht van trouw dragen wanneer hij al zijn plichten vervult met een goed hart. Mozes was trouw aan zijn familieleden alsook in het dienen van de mensen. Hij spendeerde al zijn tijd en kracht, en om die reden werd hij erkend als iemand die getrouw is in geheel Gods huis. Numeri 12:7-8 zegt, *"Niet aldus met mijn knecht Mozes, vertrouwd als hij is in geheel mijn huis. Van mond tot mond spreek Ik met hem, duidelijk en niet in raadselen, maar hij aanschouwt de gestalte des Heren. Waarom hebt gij u dan niet ontzien tegen mijn knecht Mozes te spreken?"*

Wat voor soort persoon is nu degene die de vrucht van trouw draagt, en erkend wordt door God?

Doe meer dan het gegeven werk

Wanneer werkers worden betaald voor hun werk, zeggen wij niet dat zij getrouw zijn, wanneer zij hun plichten vervullen. We kunnen zeggen dat zij hun werk hebben gedaan, maar ze hebben alleen datgene gedaan waar ze voor betaald werden, dus we kunnen niet zeggen dat ze getrouw zijn. Zelfs onder de betaalde werkers, zijn er sommigen die meer doen dan waar zij voor worden betaald. Ze doen het niet met tegenzin of denken niet dat ze tenminste datgene moeten doen waar ze voor worden betaald. Ze vervullen hun plicht met hun hart, denken, en ziel, zonder hun tijd en geld te sparen, hebben zij het verlangen dat van het hart komt.

Sommige van de fulltime gemeentewerkers doen meer dan hen gegeven is. Ze werken na hun werkuren of op vakantiedagen, en wanneer zij niet werken, dan denken zij altijd aan hun plicht voor God. Ze denken altijd aan betere manieren om de gemeente en de leden te dienen door meer dan hun gegeven werk te vervullen. Bovendien, nemen zij de plichten van huisgroep leiders op zich door voor de zielen te zorgen. Het is op die manier dat het getrouwheid is om meer te doen wat ons is toevertrouwd.

Ook in het nemen van verantwoordelijkheid, zullen degenen die de vrucht van trouw dragen, meer doen dan waar ze verantwoordelijk voor zijn. Bijvoorbeeld in het geval van Mozes, hij gaf zijn leven op toen hij bad voor de redding van de zonen van

Israël die hadden gezondigd. We kunnen dit zien in zijn gebed in Exodus 32:31-32, dat zegt, *"Ach, dit volk heeft een grote zonde begaan, want zij hebben zich een gouden god gemaakt. Maar nu, vergeef toch hun zonde – en zo niet, delg mij dan uit het boek dat Gij geschreven hebt."* Toen Mozes zijn plicht vervulde, gehoorzaamde hij niet alleen in daden om te doen wat God hem beval om te doen. Hij dacht niet, "Ik deed mijn best om de wil van God aan hen te brengen, maar zij hebben het niet aangenomen. Ik kan ze niet meer helpen." Hij had het hart van God en leidde het volk met al zijn liefde en kracht. Dat is de reden, dat toen de volk zondigde, het voelde alsof hij het zelf fout had gedaan, en hij wilde de verantwoordelijkheid er voor nemen.

Het is hetzelfde met de apostel Paulus. Romeinen 9:3 zegt, *"Want zelf zou ik wel wensen van Christus verbannen te zijn ten behoeve van mijn broeders, mijn verwanten naar het vlees."* Maar ondanks dat we horen en weten over de trouw van Paulus en Mozes, betekent dat niet noodzakelijk dat we trouw hebben ontwikkeld.

Zelfs degenen die geloof hebben en hun plichten vervullen zouden iets anders te zeggen hebben dan Mozes zei, als zij in dezelfde situatie waren geweest. Namelijk, zouden zij kunnen zeggen, "God, ik heb mijn best gedaan. Ik vind het jammer voor die mensen, maar ik heb ook veel geleden terwijl ik deze mensen leidde." Wat ze eigenlijk echt zeggen, is, "Ik ben er zeker van dat ik alles heb gedaan, wat ik had moeten doen." Of ze zijn bezorgd dat ze de berisping samen krijgen met de andere mensen die zondigden, ondanks dat zij zelf niet verantwoordelijk zijn. Het hart van zo'n mensen is redelijk ver weg van trouw.

Natuurlijk, kan niet zomaar iedereen bidden, "Vergeef alstublieft hun zonden, of wis mijn naam uit het boek des leven." Het betekent alleen dat wanneer wij de vrucht van trouw in ons hart dragen, we niet zomaar kunnen zeggen dat we niet verantwoordelijk zijn voor de dingen die verkeerd gingen. Voordat we denken dat we ons best deden in onze daden, zouden we eerst moeten denken over het soort van hart dat wij hadden toen de plichten in het begin aan ons gegeven werden.

We zullen ook eerst denken aan de liefde en genade van God voor de zielen en dat God niet wil dat ze worden vernietigd, zelfs wanneer Hij zegt dat Hij ze gaat straffen vanwege hun zonden. Wat voor soort gebed zouden wij moeten offeren aan God? We zouden waarschijnlijk zeggen vanuit het diepst van onze harten, "God, het is mijn fout. Ik heb hen niet beter geleid. Geef hen nog een kans met het oog op mij."

Het is ook zo in alle andere aspecten. Degenen die getrouw zijn, zullen niet zeggen, "Ik heb genoeg gedaan," maar ze zullen overvloedig werken met hun hele hart. In 2 Korintiërs 12:15 zei Paulus, *"Ik voor mij zal zeer gaarne offers brengen, ja, mijzelf opofferen voor uw zielen. Ontvang ik soms minder liefde, naarmate ik u meer liefheb?"*

Namelijk, Paulus werd niet gedwongen om te zorgen voor de zielen, noch deed hij het oppervlakkig. Hij had grote vreugde in het vervullen van zijn plicht en dat is de reden waarom hij zei dat hij zichzelf wilde opofferen voor andere zielen.

Hij offerde zichzelf opnieuw en opnieuw met volledige toewijding voor andere zielen. Zoals in Paulus' geval, is het echte trouw wanneer wij onze plicht kunnen vervullen met overvloedige vreugde en liefde.

Weest getrouw in waarheid

Veronderstel dat iemand deel was van een bende en zijn leven heeft toegewijd aan de baas van de bende. Zal God van hem zeggen dat hij trouw is? Natuurlijk niet! God kan alleen onze trouw erkennen wanneer wij getrouw zijn in goedheid en waarheid.

Wanneer Christenen een ijverig leven in geloof leiden, zullen zij graag vele plichten ontvangen. In sommige gevallen proberen zij eerst hun plichten te vervullen met passie, maar geven het net op een bepaald moment op. Hun gedachten kunnen wegdwalen door de bedrijfsuitbreiding die zij aan het plannen zijn. Ze verliezen misschien hun vurigheid om hun plichten te vervullen vanwege de moeilijkheden in het leven of omdat ze de vervolging van anderen willen ontwijken. Waarom verandert hun denken op die manier? Het komt omdat ze de geestelijke trouw hebben verwaarloosd, terwijl zij werkten voor Gods koninkrijk.

Geestelijke trouw is om ons hart te besnijden. Het is niet om voortdurend de mantel van ons hart te wassen. Het is om alle soorten van zonden, leugens, slechtheid, ongerechtigheid, wetteloosheid en duisternis te verwerpen, en heilig te worden. Openbaring 2:10 zegt, *"Wees getrouw tot de dood en Ik zal u geven de kroon des levens."* Hier betekent, getrouw zijn tot de dood niet alleen dat we hard moeten werken en getrouw moeten zijn tot onze lichamelijke dood. Het wil ook zeggen dat we moeten proberen om het Woord van God, uit de Bijbel te volbrengen met ons hele leven.

Om geestelijke trouw te volbrengen, moeten we eerst strijden tegen de zonde tot bloedens toe en Gods geboden onderhouden. De belangrijkste prioriteit is om het kwade, de zonde en leugens, welke God zo haat te verwerpen. Als wij alleen maar lichamelijk hard werken, zonder ons hart te besnijden, kunnen wij niet zeggen dat het geestelijke trouw is. Zoals Paulus zei, "Ik sterf dagelijks", moeten wij ons vlees volledig doden en geheiligd worden. Dat is geestelijke trouw.

Wat God, de Vader het meeste van ons verlangt, is heiligheid. We moeten dit punt beseffen en ons best doen om ons hart te besnijden. Natuurlijk, betekent het niet dat we geen enkele plicht kunnen aannemen voordat we volkomen geheiligd zijn. Het betekent dat welke plicht wij ook maar dragen op dit moment, we de heiligheid moeten volbrengen, terwijl we onze plichten vervullen.

Degenen die voortdurend hun harten besnijden zullen hun houding in hun trouw niet moeten veranderen. Ze zullen hun kostbare plicht niet opgeven, omdat ze problemen hebben in hun alledaagse leven of enkele kwellingen in hun hart hebben. De God-gegeven plichten zijn een belofte gemaakt tussen God en ons, en we moeten nooit onze beloften met God verbreken, in geen enkele moeilijkheid.

Aan de andere kant, wat zal er gebeuren wanneer wij het besnijden van ons hart veronachtzamen? We zullen niet in staat zijn om ons hart te bewaren, wanneer wij moeite en moeilijkheden tegenkomen. We kunnen zelfs de relatie van vertrouwen met God verlaten en onze plicht opgeven. Wanneer we dan de genade van God herstellen, werken we opnieuw hard voor een tijdje, en deze cirkel gaat zo verder en verder. Die werkers die schommelingen hebben zoals dit, kunnen niet erkend worden als zijnde trouw, ondanks dat ze hun werken misschien wel goed doen.

Om de trouw te hebben die door God wordt erkend, moeten wij ook geestelijke trouw hebben, wat wil zeggen, dat we onze harten moeten besnijden. Maar de besnijdenis van hart op zich wordt niet onze beloning. De besnijdenis van hart is een noodzaak voor de kinderen van God, die gered zijn. Maar wanneer wij de zonde verwerpen en onze plichten vervullen met een geheiligd hart, kunnen wij veel grotere vruchten dragen, dan wanneer wij ze vervullen met vleselijk denken. Daarom, zullen we veel grotere beloningen ontvangen.

Bijvoorbeeld, veronderstel dat u zweet terwijl u de hele zondag vrijwilligerswerk doet in de gemeente. Maar u maakt ruzie met vele mensen en uw vrede is met vele mensen verbroken. Wanneer u de gemeente dient terwijl u klaagt en wrevel hebt, zullen vele van uw beloningen worden afgetrokken. Maar wanneer u de gemeente dient met goedheid en liefde in vrede met anderen, zullen al uw werken een aangename geur zijn voor God, en zullen al uw daden, uw beloningen worden.

Werken naar de wil van de meester

In de kerk, moeten we werken naar het hart en de wil van God. We moeten ook getrouw zijn in het gehoorzamen aan onze leiders overeenkomstig de orde binnenin de kerk. Spreuken 25:13 zegt,

"Gelijk de koelte der sneeuw in de oogsttijd, is een betrouwbare bode voor wie hem zendt; hij verkwikt de ziel van zijn heer."

Ondanks dat we heel ijverig zijn in onze plichten, kunnen we het verlangen van de meester niet uitdoven wanneer we datgene doen wat we willen doen. Bijvoorbeeld, veronderstel dat uw baas u zegt dat u in het kantoor moet blijven omdat er een hele belangrijke klant komt. Maar u hebt wat kantoorwerkzaamheden buiten te doen en u gaat achter die zaak aan, maar het duurt de hele dag. Zelfs al ben je buiten om het kantoorwerk te doen, u bent niet getrouw geweest in de ogen van de baas.

De reden waarom we de wil van de meester niet gehoorzamen komt, omdat we of onze eigen ideeën volgen of omdat we zelfgerichte motieven hebben. Dit soort van persoon lijkt zijn meester te dienen, maar hij doet het niet met trouw. Hij volgt enkel zijn eigen gedachten en verlangens, en hij heeft laten zien dat hij de wil van de meester, op elk moment kan verlaten.

In de Bijbel, lezen we over een persoon genaamd, Joab, die een familielid en de generaal van het leger van David was. Joab was met David tijdens alle gevaren, terwijl David nagejaagd werd door koning Saul. Hij had wijsheid en hij was moedig. Hij deed de dingen die David wilde dat er gedaan moesten worden. Toen hij de Ammonieten aanviel en hun stad innam, overwon hij het op een praktische wijze, maar hij liet David komen en liet het hem zelf innemen. Hij nam de glorie niet voor zichzelf toen hij de stad overwon, maar liet dat aan David over.

Hij diende David heel goed op deze manier, maar David voelde zich niet echt op zijn gemak bij hem. Dat kwam omdat hij ongehoorzaam was aan David toen het persoonlijk voordeel voor hem bracht. Joab aarzelde geen moment om onbeschaamd te handelen voor David toen hij zijn doel wilde bereiken.

Bijvoorbeeld, de generaal Abner, die een vijand van David was, kwam tot David om zichzelf over te geven. David verwelkomde hem en zond hem terug. Dat kwam omdat David de mensen sneller kon stabiliseren wanneer hij hen zou aanvaarden. Maar toen Joab achter dit feit kwam, volgde hij Abner en doodde hem. Dat kwam omdat Abner de broer van Joab in een vorige strijd had gedood. Hij wist dat David in een moeilijke situatie zou verkeren als hij Abner doodde, mar hij volgde alleen maar zijn emoties.

Ook, toen Davids zoon Absalom opstond tegen David, vroeg David de soldaten die in gevecht zouden gaan met de mannen van Absalom om zijn zoon met goedheid te behandelen. Bij het horen van dit bevel, doodde Joab toch nog Absalom. Misschien was dat omdat als hij Absalom liet leven, hij opnieuw zou kunnen rebelleren, maar uiteindelijk, gehoorzaamde Joab niet het bevel van de koning op zijn eigen discretie.

Ondanks dat hij door alle moeilijke tijden met de koning ging, was hij op kritieke momenten ongehoorzaam, en kon David hem niet vertrouwen. Uiteindelijk, rebelleerde Joab tegen koning Salomon, Davids zoon, en werd hij gedood. Ook op dat moment, in plaats van de wil van David te gehoorzamen, wilde hij de persoon aanstellen van wie hij dacht dat hij de nieuwe koning zou worden. Hij diende David zijn hele leven, maar in plaats van een verdienstelijke vazal te worden, eindigde zijn leven als een opstandeling.

Wanneer wij Gods werk doen, eerder dan hoe ambitieus wij het werk doen, is de belangrijkste factor of wij de wil van God volgen. Het heeft geen enkel nut om getrouw te zijn door in te gaan tegen de wil van God. Wanneer wij in de kerk werken, zouden wij ook onze leiders moeten volgen, voordat wij onze eigen ideeën volgen. Op die manier, kan de vijand duivel en Satan geen enkele aanklacht tegen ons in brengen en zullen wij in staat zijn om op het einde, de glorie aan God te geven.

Wees getrouw in geheel Gods huis

"Om getrouw te zijn in geheel Gods huis" betekent om in alle aspecten gerelateerd aan onszelf getrouw te zijn. In de kerk, moeten we al onze verantwoordelijkheden vervullen, zelfs wanneer we veel verplichtingen hebben. Zelfs wanneer we niet een bepaalde plicht hebben in de kerk, is het een van onze plichten om aanwezig te zijn, wanneer we als lid aanwezig moeten zijn.

Niet alleen in de kerk, maar ook op het werk en school, heeft iedereen zijn verplichtingen. In al deze aspecten, moeten wij onze plichten als leden vervullen. Om getrouw te zijn in geheel Gods huis, is om al onze verplichtingen met betrekking tot ons leven: als Gods kinderen, als leiders of leden van de kerk, als leden van de familie, als werknemers in het bedrijf, of als studenten of leraars op school. We zouden niet alleen getrouw moeten zijn in een of twee plichten en de andere plichten verwaarlozen. We moeten getrouw zijn in alle aspecten.

Iemand denkt misschien, "ik heb maar één lichaam en hoe kan ik dan op alle gebieden getrouw zijn?" Maar tot de mate dat wij veranderen in de geest, is het niet iets moeilijks om getrouw te zijn in geheel Gods huis. Zelfs wanneer we maar een klein beetje tijd investeren, kunnen we zeker de vrucht oogsten, wanneer we in de geest zaaien.

Ook degenen die veranderd zijn in de geest, volgen niet hun eigen voordeel en gemak, maar denken aan het voordeel van anderen. Ze bekijken dingen eerst van het standpunt van de anderen. Dus, zo'n mensen zullen voor al hun plichten zorgen, zelfs wanneer ze zichzelf moeten opofferen. Ook tot de mate, waarin wij het niveau van de Geest hebben bereikt, zal ons hart vervuld zijn met goedheid. En wanneer wij goed zijn, zullen wij niet alleen naar één kant buigen. Dus, zelfs wanneer wij plichten hebben, zullen wij geen enkele plicht verwaarlozen.

We zullen ons best doen om voor onze omgeving te zorgen, en proberen om nog een beetje meer voor anderen te zorgen. Dan, zullen mensen om ons heen de waarachtigheid van ons hart voelen. Dus, ze zullen niet teleurgesteld worden, omdat we niet altijd bij hen kunnen zijn, maar ze zullen dankbaar zijn dat u voor hen zorgt.

Bijvoorbeeld, een persoon heeft twee plichten, en ze is de leider in een van de groepen en een lid van de andere. Hier, wanneer zij goedheid heeft en als zij de vrucht van trouw draagt, zal ze geen van beiden veronachtzamen. Ze zal niet zomaar zeggen, "De leden van de laatste groep zullen mij wel begrijpen dat ik nu niet bij hen ben, omdat ik de leider van de andere groep ben." Wanneer zij niet persoonlijk aanwezig kan zijn in de andere groep, zal ze toch op de een of andere manier proberen om die groep te helpen en in het hart dragen. Evenzo, kunnen wij getrouw zijn in geheel Gods huis, en vrede hebben met iedereen tot de mate dat wij goedheid hebben.

Trouw in Gods koninkrijk en gerechtigheid

Jozef werd verkocht als een slaaf aan het huis van Potifar, het hoofd van de koninklijke bewaking. En Jozef was zo getrouw en betrouwbaar dat Potifar zijn hele huis en werk aan deze jonge slaaf toevertrouwde en zich niet druk maakte over wat hij deed. Dat kwam omdat Jozef zelfs voor de kleine dingen zijn best deed, terwijl hij het hart van de meester had.

Het koninkrijk van God heeft ook getrouwe werkers nodig zoals Jozef in vele gebieden. Wanneer u een bepaalde plicht heeft, en u vervuld het zo getrouw dat uw leider er niet meer naar hoeft te kijken, hoe groot zal dan uw kracht zijn voor het koninkrijk van God!

Lucas 16:10 zegt, *"Wie in zeer weinig getrouw is, is ook in veel getrouw. En wie in zeer weinig onrechtvaardig is, is ook in veel onrechtvaardig."* Ondanks dat hij een fysieke meester diende, werkte Jozef getrouw met zijn geloof in God. God nam dit niet als iets onbetekenends, maar in plaats daarvan maakte Hij Jozef tot eerste minister van Egypte.

Ik heb het werk van God nooit licht opgevat. Ik bad altijd 's nachts, zelfs voor de opening van de kerk, maar na de opening van de kerk, bad ik persoonlijk van middernacht tot 4 uur 's morgens en daarna leidde ik de ochtendbidstond vanaf 5 uur. In die tijd hadden we nog niet de Daniel bidstond, die we nu iedere dag hebben, beginnend om 21.00 u. We hadden geen andere voorgangers of huisgroep leiders, dus ik moest de ochtendbidstond alleen leiden. Maar ik heb nooit één dag gemist.

Bovendien, moest ik de preken voorbereiden voor zondag,

woensdag en de vrijdag nachtbidstond, terwijl ik ook nog deelnam aan een theologisch seminarie. Ik heb nooit mijn verplichtingen opzij geschoven en op anderen gelegd, omdat ik moe was. Nadat ik van de seminarie kwam, zorgde ik voor de zieke mensen of bezocht ik de leden. Er waren vele zieke mensen die van over het hele land kwamen. Ik had het in mijn hart, om iedere keer wanneer ik een bezoek bracht aan een gemeentelid, ik hen geestelijk zou dienen.

In die tijd, moesten sommige studenten twee of drie keer overstappen met de bus om naar de kerk te komen. Nu hebben wij zelf bussen in de kerk, maar toen in die tijd nog niet. Dus, ik wilde dat de studenten in staat zouden zijn om naar de kerk te komen, zonder dat ze zich zorgen hoefden te maken over de bus onkosten. Ik volgde de studenten na de dienst naar de bus en gaf hen de bus onkosten of tickets en zwaaide hen na. Ik gaf hen genoeg geld zodat ze ook de volgende keer weer konden komen. De hoeveelheid offers van de kerk was slechts een paar tientallen dollars, en het kon niet worden voorzien vanuit de kerk. Ik gaf hen het busgeld vanuit mijn eigen spaarrekening.

Wanneer een nieuw persoon zich als lid registreerde, beschouwde ik elk van hen als een kostbare schat, dus ik bad voor hen en diende hen met liefde, zodat ik geen van hen zou verliezen. Om die reden, verliet niemand, die zich had ingeschreven, de gemeente. Natuurlijk bleef de kerk groeien. Nu heeft de kerk vele leden, betekent dat dat mijn getrouwheid is afgekoeld? Natuurlijk niet! Mijn ijver voor de zielen is nooit afgekoeld.

Nu hebben we meer dan 10.000 branche gemeenten, wereldwijd, alsook veel voorgangers, oudsten, senior diaconessen, en leiders over streken, deelstreken en huisgroepen. En toch is mijn gebed en liefde voor de zielen alleen maar meer gaan groeien in vurigheid.

Is mijn trouw voor God soms afgekoeld? Is er iemand onder u die God gegeven plichten heeft ontvangen, maar deze verplichtingen niet langer meer heeft? Wanneer u dezelfde plichten nu heeft zoals in het verleden, is uw vurigheid voor de plicht dan niet afgekoeld? Wanneer wij echt geloof hebben, zal onze trouw alleen maar toenemen, terwijl wij opgroeien in ons geloof, en wij zijn getrouw aan de Here om het koninkrijk van God te volbrengen en om talloze zielen te redden. Dus, we zullen een groot deel aan kostbare beloningen later in de Hemel ontvangen!

Als God alleen maar getrouwheid in daden wilde, had Hij de mensheid niet moeten scheppen, want er zijn talloze hemelse menigten en engelen die heel gehoorzaam zijn. Maar God wil niet iemand die onvoorwaardelijk gehoorzaamt, zoals een robot. Hij wil kinderen, die getrouw zijn met hun liefde voor God die afkomstig is vanuit het diepst van hun harten.

Psalm 101:6 zegt, *"Mijn ogen zijn op de getrouwen in den lande om bij mij te wonen; wie onberispelijk wandelt, die zal mij dienen."* Degenen die alle vormen van zonden hebben verworpen en getrouw zijn geworden in geheel Gods huis, zullen de zegen ontvangen om het Nieuwe Jeruzalem binnen te gaan, welke de mooiste verblijfplaats in de Hemel is. Daarom, hoop ik dat u werkers zult worden die zijn als pilaren in het koninkrijk van God en van de eer zullen genieten om dicht bij de troon van God te verblijven.

Mattheüs 11:29

"Neemt mijn juk op u en leert van Mij,

want Ik ben zachtmoedig en nederig van hart,

en gij zult rust vinden voor uw zielen."

Tegen Zodanige Mensen Is De Wet Niet

Hoofdstuk 9

Zachtmoedigheid

Zachtmoedigheid om vele mensen te aanvaarden
Geestelijke zachtmoedigheid gaat samen met vrijgevigheid
De kenmerken van degenen die de vrucht van zachtmoedigheid dragen
Om de vrucht van zachtmoedigheid te dragen
Goede grond ontwikkelen
Zegeningen voor de zachtmoedigen

Zachtmoedigheid

Wonderbaarlijk zijn vele mensen bezorgd over de opvliegendheid, depressie of over hun karakters die buitengewoon introvert of ook extrovert zijn. Sommige mensen schrijven alles toe aan hun persoonlijkheid wanneer dingen niet gaan zoals zij willen dat ze gaan, zeggende, "Ik kan er niets aan doen, het is mijn persoonlijkheid." Maar God schiep mensen, en het is niet moeilijk voor God om de persoonlijkheid van mensen met Zijn kracht te veranderen.

Mozes doodde eens een andere man door zijn stemming, maar hij werd door de kracht van God veranderd tot zo'n mate dat hij door God erkend werd als de meest nederige en zachtmoedigste persoon op de hele aarde. De Apostel Johannes had als bijnaam, "Zoon des donders", maar hij werd door de kracht van God veranderd en werd erkend als de "zachtmoedige apostel."

Wanneer zij gewillig zijn om hun zonde te verwerpen en hun hart te bewerken, kunnen zelfs degenen met een opvliegende stemming, degenen die opscheppen, en degenen die zelfgericht zijn, veranderen en het karakter van zachtmoedigheid ontwikkelen.

Zachtmoedigheid om vele mensen te aanvaarden

In het woordenboek is zachtmoedigheid de kwaliteit of staat van zacht, teder of mild zijn. Degenen die timide zijn of "verlegen niet-sociaal" zijn van karakter, of degenen die zichzelf niet kunnen uitdrukken, kunnen er ook heel zachtmoedig uitzien. Degenen die naïef zijn of degenen die niet boos worden door hun lage intellectuele niveau lijken misschien ook zachtmoedig in de ogen van wereldse mensen.

Maar geestelijke zachtmoedigheid is niet eenvoudige mildheid of zachte tederheid. Het is om wijsheid te hebben en de bekwaamheid om het goede van het kwade te kunnen onderscheiden, en tegelijkertijd in staat te zijn om iedereen te begrijpen en te aanvaarden, omdat er in hen geen kwaad is. Dat wil zeggen, dat het hebben van geestelijke zachtmoedigheid is om vrijgevigheid te hebben samen met een mild en zacht karakter. Wanneer u die deugdzame vrijgevigheid bezit, zult u niet alleen te allen tijde mild zijn, maar zult u ook harde waardigheid hebben wanneer dat nodig is.

Het hart van een zachtmoedig persoon is zo zacht als katoen. Wanneer u een steen naar katoen gooit of er in prikt met een naald, zal het katoen het voorwerp alleen maar bedekken en omarmen. Evenzo, ongeacht hoe een ander persoon hem behandelt, degenen die geestelijke zachtmoedigheid bezitten zullen geen harde gevoelens tegen hen hebben in hun harten. Dat wil zeggen dat ze niet boos worden of ongemak ervaren, en ze veroorzaken ook geen ongemak voor anderen.

Ze oordelen of veroordelen niet maar ze begrijpen en aanvaarden. Mensen zullen zich gemakkelijk voelen bij zo'n mensen, en vele mensen zullen in staat zijn om te komen en rust te vinden bij degenen die zo zachtmoedig zijn. Het is net als een grote boom die vele takken heeft, waar de vogels naar toe kunnen komen, hun nest kunnen maken en kunnen rusten op de takken.

Mozes is een van de personen die door God erkend werd voor zijn zachtmoedigheid. Numeri 12:3 zegt, *"Mozes nu was een zeer zachtmoedig man, meer dan enig mens op de aardbodem."*

In de tijd van de Exodus was het aantal van de zonen van Israël meer dan 600.000 volwassen mannen. Inclusief vrouwen en kinderen zouden ze met meer dan twee miljoen mensen zijn geweest. Om zo'n groot aantal mensen te moeten leiden is op zich al een hele moeilijke taak voor een gewoon persoon.

Het is vooral zo voor die mensen die hun harten als vroegere slaven van Egypte hadden verhard. Wanneer u regelmatig wordt geslagen, vieze en misbruikte taal hoort, en de arbeid van slaven verricht, zou uw hart ruw en verhard worden. In die conditie, is het niet gemakkelijk om enige genade in hun harten te krijgen of voor hen om God lief te hebben vanuit hun hart. Dat is de reden waarom het volk God elke keer ongehoorzaam was, ondanks dat Mozes zo'n krachten liet zien.

Wanneer ze ook maar een klein beetje moeilijkheden tegenkwamen in hun situaties, begonnen zij snel te klagen en op te staan tegen Mozes. Enkel bij het zien van het feit dat Mozes zo'n volk voor 40 jaren in de woestijn leidde, kunnen we begrijpen hoe geestelijk zachtmoedig Mozes geweest moet zijn.

Geestelijke zachtmoedigheid gaat samen met vrijgevigheid

Maar is er iemand die iets denkt als volgt, "Ik word niet boos, en ik denk dat ik zachtmoediger ben dan anderen, maar ik ontvang niet echt antwoorden op mijn gebeden. Ik hoor ook niet echt de stem van Heilige Geest"? Dan zou u zich moeten onderzoeken of uw zachtmoedigheid al dan niet vleselijke zachtmoedigheid is. De mensen kunnen wel zeggen dat u zachtmoedig bent, wanneer uw verschijning rustig en mild is, maar dat is enkel vleselijke zachtmoedigheid.

Wat God wil is geestelijke zachtmoedigheid. Geestelijke zachtmoedigheid is niet alleen om zacht en mild te zijn, maar het gaat ook samen met deugdzame vrijgevigheid. Samen met de zachtmoedigheid van hart, zou u ook zichtbaar de kwaliteiten van deugdzame vrijgevigheid moeten hebben om volledige geestelijke zachtmoedigheid te ontwikkelen. Het lijkt veel op een persoon die een perfect karakter heeft die een pak draagt dat bij zijn karakter past. Zelfs wanneer hij een goed karakter heeft, als hij naakt zou rondlopen zonder kleren, zou zijn naaktheid zijn schaamte zijn. Evenzo is zachtmoedigheid, niet volmaakt, zonder deugdzame vrijgevigheid.

Deugdzame vrijgevigheid is als de kleding die de zachtmoedigheid laat stralen, maar het is anders dan wettisch of hypocriet te handelen. Wanneer er geen heiligheid in het hart is, dan kan er niet worden gezegd dat u deugdzame vrijgevigheid hebt, omdat u goede daden laat zien. Wanneer u zich neigt in het tonen van ongepaste handelingen, in plaats van uw hart te ontwikkelen, dan zult u waarschijnlijk ook stoppen met het zien van uw tekortkomingen, en abusievelijk denken dat u geestelijke groei hebt bereikt tot een grote mate.

Maar zelfs in deze wereld, zullen mensen die slechts een uiterlijke verschijning hebben, zonder goede persoonlijkheid, niet het hart van anderen winnen. In het geloof is het ook zo, concentreren op de uiterlijke daden, zonder de innerlijke schoonheid te ontwikkelen is zinloos.

Bijvoorbeeld, sommige mensen handelen oprecht, maar ze

oordelen en kijken op anderen neer die niet zo handelen als zij. Zij kunnen ook blijven vast houden aan hun eigen meningen wanneer ze met anderen hebben te maken, denkende, "Dit is de juiste manier, dus, waarom doen ze het niet gewoon op deze manier?" Ze spreken misschien mooie woorden wanneer zij advies geven, maar zij oordelen anderen in hun hart, en ze spreken uit hun eigen zelfgerechtigheid en slechte gevoelens. Mensen kunnen geen rust vinden bij zo'n mensen. Ze zullen alleen maar worden gekwetst en ontmoedigd, dus ze zullen niet dicht bij de mensen willen blijven.

Sommige mensen worden ook boos en geïrriteerd binnen hun zelfgerechtigheid en zonden. Maar ze zeggen dat ze "rechtvaardige verontwaardiging" hebben en dat het omwille van die andere is. Maar degenen die deugdzame vrijgevigheid hebben zullen de vrede in hun denken in geen enkele situatie verliezen.

Wanneer u beseft dat u de vruchten van de Heilige Geest volledig draagt, kunt u de zonde in uw hart niet zomaar bedekken met uw uiterlijke verschijning. Wanneer u dat doet, dan is het alleen maar om te laten zien aan andere mensen. U moet uzelf opnieuw en opnieuw in alles onderzoeken en de weg van goedheid kiezen.

De kenmerken van degenen die de vrucht van zachtmoedigheid dragen

Wanneer mensen degenen zien die zachtmoedig zijn en een groot hart hebben, zeggen ze dat deze mensen een hart hebben als een oceaan. De oceaan accepteert al het vervuilde water van stromen en rivieren en reinigt die. Wanneer wij een groot en zachtmoedig hart ontwikkelen zoals de oceaan, kunnen wij zelfs zielen die met zonden bevlekt zijn, leiden tot de weg van redding.

Wanneer wij zichtbaar vrijgevigheid hebben, samen met zachtmoedigheid binnen in ons, kunnen wij de harten van vele mensen winnen, en kunnen we vele grote dingen bereiken. Laat mij nu enkele voorbeelden geven van de kenmerken van degenen die de vrucht van zachtmoedigheid hebben gedragen.

Ten eerste, ze zijn waardig en matig in hun acties.

Degene die verschijnen met een zachte stemming, maar die eigenlijk besluiteloos zijn, kunnen anderen niet aanvaarden. Er zal neerbuigend naar hen gekeken worden en zij zullen door anderen worden gebruikt. In de geschiedenis, waren sommige koningen zacht van karakter, maar ze hadden geen deugdzame vrijgevigheid, dus het land was niet stabiel. Later in de geschiedenis, bepaalden zij de waarde van hem niet als dat van een zachtmoedig persoon, maar als onbekwaam en besluiteloos.

Aan de andere kant, hadden sommige koningen warme en zachte karakters samen met wijsheid en waardigheid. Onder de regering van zo'n koning, was het land stabiel en hadden de mensen vrede. Evenzo, degenen die zowel zachtmoedigheid en deugdzame vrijgevigheid bezitten, hebben een gepaste standaard van oordeel. Ze doen datgene wat rechtvaardig is door het goede en kwade correct te onderscheiden.

Toen Jezus de tempel reinigde en de schijnheiligheid van de farizeeërs en Schriftgeleerden bestrafte, was Hij heel sterk en streng. Hij had een zachtmoedig hart, om "het geknakte riet niet te breken of de walmende vlaspit niet te doven", maar toch bestrafte Hij de mensen streng, wanneer dat nodig was. Wanneer u zo'n waardigheid en gerechtigheid in uw hart hebt, kunnen de mensen niet op u neerkijken, zelfs niet wanneer u uw stem verheft of probeert om streng te zijn.

Uiterlijke verschijning is ook gerelateerd aan het bezitten van de manieren van de Here en de volmaakte daden van het lichaam. Degenen die deugdzaam zijn hebben waardigheid, autoriteit en belangrijkheid in hun woorden; ze spreken niet zomaar zonder nadenken zinloze woorden. Ze dragen bij iedere gelegenheid gepaste kleding. Ze hebben een zachte gezichtsuitdrukking, maar geen bruusk of koud gezicht.

Bijvoorbeeld, veronderstel dat een persoon slordig haar en kleding heeft, en zijn gedrag is onwaardig. Het is waarschijnlijk heel moeilijk voor zo'n persoon om het vertrouwen en respect van anderen te winnen. Andere mensen zullen niet door hem aanvaard of omarmt willen worden.

Wanneer Jezus de hele tijd grapjes zou hebben gemaakt, zouden Zijn discipelen geprobeerd hebben om grapjes met Hem te maken. Dus, wanneer Jezus hen iets moeilijk leerde, zouden zij onmiddellijk geargumenteerd hebben met Hem of hebben vastgehouden aan hun eigen meningen. Maar ze durfden dit niet te doen. Zelfs degenen die tot Hem kwamen om te argumenteren, konden niet echt met Hem argumenteren vanwege Zijn waardigheid. Jezus' woorden en daden hadden altijd gewicht en waardigheid, zodat de mensen Hem niet zomaar lichtvaardig zouden nemen.

Natuurlijk, maakt de meerdere soms wel eens een grapje met zijn ondergeschikten om de stemming wat aangenamer te maken.

Maar wanneer de ondergeschikten samen ongemanierde grapjes maken, dan betekent dat dat zij geen goed begrip hebben. Maar wanneer de leiders niet oprecht zijn, en afleidende verschijning laten zien, kunnen zij ook niet het vertrouwen van anderen winnen. Vooral, hooggeplaatste senior officieren in een bedrijf, moeten een oprechte houding, manier van spreken, en gedrag hebben.

Een meerdere in een organisatie spreekt misschien eervolle taal en handelt respectvol naar zijn ondergeschikten, maar soms, wanneer zijn ondergeschikte buitensporig respect toont, kan deze meerdere in normale taal spreken, niet in eervolle vormen om zijn ondergeschikte tot rust te brengen. In die situatie, kan het niet al te beleefd zijn, er voor zorgen dat zijn ondergeschikte zich rustig voelt en zijn hart op die manier gemakkelijker kan openen. Maar enkel omdat de meerdere zijn ondergeschikten op die manier tot rust brengt, zou er niet voor moeten zorgen dat de lager geplaatste mensen neerkijken op hun meerdere, met hen argumenteren of ongehoorzaam zijn.

Romeinen 15:2 zegt, *"Ieder onzer trachtte zijn naaste te behagen, ten goede, tot opbouwing."* Filippenzen 4:8 zegt, *"Voorts, broeders, al wat waar, al wat waardig, al wat rechtvaardig is, al wat rein, al wat beminnelijk, al wat welluidend is, al wat deugd heet en lof verdient, bedenkt dat."* Evenzo, zullen degenen die deugdzaam en vrijgevig zijn, alles met oprechtheid doen, en ze hebben ook de consideratie dat de mensen zich op hun gemak voelen.

Ten tweede, de zachtmoedigen laten daden van barmhartigheid en compassie zien, terwijl ze een groot hart

hebben.

Ze helpen niet alleen degenen die in financiële nood zijn, maar ook degenen die geestelijk vermoeid en zwak zijn door hen te troosten en hen genade te laten zien. Maar zelfs wanneer ze zachtmoedigheid in zich hebben, wanneer die zachtmoedigheid alleen in hun hart blijft, is het moeilijk om de geur van Christus uit te dragen.

Bijvoorbeeld, veronderstel dat er een gelovige is, die lijdt onder de vervolgingen van haar geloof. Wanneer de gemeenteleden om haar heen het ontdekken, voelen zij medelijden met haar en gaan voor haar bidden. Ze zijn de leiders die alleen bewogenheid voelen in hun harten. Aan de andere kant, bemoedigen en troosten sommige andere leiders haar persoonlijk, en helpen haar ook in daden en handelingen overeenkomstig de situatie. Ze bekrachtigen haar om haar te helpen overwinnen met geloof.

Dus, enkel het hebben van consideratie in het hart en het daadwerkelijk tonen van daden zal heel anders zijn voor de persoon die door een probleem gaat. Wanneer de zachtmoedigheid aan de buitenkant wordt gezien als vrijgevige daden, kan het genade en leven geven aan anderen. Daarom, wanneer de Bijbel zegt, "de zachtmoedigen zullen de aarde beërven" (Mattheüs 5:5), dan is het nauw verbonden met getrouwheid dat getoond wordt als een gevolg van deugdzame vrijgevigheid. Om de aarde te beërven is verbonden met hemelse beloningen. Normaal gesproken, staat het ontvangen van hemelse beloningen in relatie tot getrouwheid. Wanneer u een wandbord van waardering, verdienste van eer, of een beloning van evangelisatie van de kerk krijgt, is het een gevolg van uw trouw.

Evenzo, zullen de zachtmoedigen zegeningen ontvangen, maar het komt niet alleen van de zachtmoedigen van hart zelf. Wanneer dat zachtmoedige hart wordt uitgedrukt met deugdzaamheid en vrijgevige daden, zullen zij de vrucht van trouw dragen. Ze ontvangen dan beloningen als een gevolg daarvan. Namelijk, wanneer u vele zielen aanvaard en omarmt met vrijgevigheid, hen vertroost en bemoedigd en leven geeft, zult u de aarde beërven in de hemel door zo'n daden.

Om de vrucht van zachtmoedigheid te dragen

Hoe kunnen wij nu de vrucht van zachtmoedigheid dragen? Concluderend spreken, zouden wij ons hart moeten ontwikkelen in een goede grond.

> *En Hij sprak tot hen vele dingen in gelijkenissen en zeide: "Zie, een zaaier ging uit om te zaaien. En bij het zaaien viel een deel langs de weg en de vogels kwamen en aten het op. Een ander deel viel op de steenachtige plaatsen, waar het niet veel aarde had, en terstond schoot het op, omdat het geen diepe aarde had, maar toen de zon opkwam, verschroeide het en omdat het geen wortel had, verdorde het. Een ander deel viel op de dorens en de dorens kwamen op en verstikten het. Een ander deel viel in goede aarde en het gaf vrucht, deels honderd-, deels zestig-, deels dertigvoudig"* (Mattheüs 13:3-8).

In Mattheüs hoofdstuk 13, wordt ons hart vergeleken met vier verschillende soorten van grond. Het kan worden onderverdeeld in langs de weg, tussen de rotsen, tussen de doornen en goede grond.

De grond van het hart dat vergeleken wordt met het langs de weg gezaaide, moet verbroken worden van zijn zelfgerechtigheid en zelfgerichte kaders.

Langs de weg wordt door mensen overheen gestapt en is verhard, dus het zaad kan niet gezaaid worden. De zaden kunnen geen wortel schieten en worden opgegeten door de vogels. Degenen die zo'n harten hebben, hebben een koppig denken. Ze openen hun hart niet voor de waarheid, dus ze kunnen God niet ontmoeten noch geloof bezitten.

Hun eigen kennis en waardesystemen zijn zo sterk gevestigd dat ze het Woord van God niet kunnen aanvaarden. Ze geloven heel sterk dat ze gelijk hebben. Voor hen om hun zelfgerechtigheid en kaders te breken, moeten zij eerst het kwade in hun hart vernietigen. Het is moeilijk om zelfgerechtigheid en kaders neer te halen, wanneer iemand vasthoudt aan trots, arrogantie, koppigheid of leugens. Zo'n slechtheid zal veroorzaken dat die persoon vleselijke gedachten heeft welke hen weerhouden van het geloven van het Woord van God.

Bijvoorbeeld, degenen die de leugens in hun denken opstapelen, kunnen niet ophouden met het twijfelen, zelfs niet wanneer anderen hen de waarheid vertellen. Romeinen 8:7 zegt, *"Daarom dat de gezindheid van het vlees vijandschap is tegen God; want het onderwerpt zich niet aan de wet Gods; trouwens, het kan dat ook niet."* Zoals hier geschreven is, kunnen zij geen "amen" zeggen op het Woord van God noch het gehoorzamen.

Sommige mensen zijn heel koppig in het begin, maar eens zij de genade ontvangen en hun gedachten zijn veranderd, worden zij heel vurig in hun geloof. Dit is het geval wanneer zij uitwendig een verhard denken hebben, maar vanbinnen in hun hart zacht en zachtmoedig zijn. Maar mensen die gelijken op langs de weg gezaaid zijn anders dan deze mensen. Bij hen is ook het innerlijke hart verhard. Een hart dat uitwendig verhard is, maar vanbinnen zachtmoedig is, kan vergeleken worden met een dun laagje ijs, terwijl de langs de weg harten vergeleken kunnen worden met een vijver dat tot de bodem toe bevroren is.

Omdat de langs de weg gelijke harten verhard zijn met leugens en het kwade, gedurende een lange periode, is het niet gemakkelijk om het in een korte periode neer te halen. Iemand moet het opnieuw en opnieuw blijven openbreken om het te ontwikkelen. Iedere keer wanneer het Woord van God niet overeenstemt met hun denken, moeten zij denken of hun denken al dan niet correct zijn. Ze moeten ook de daden van goedheid verzamelen, zodat God hen genade kan geven.

Sommige mensen, vragen mij soms om voor hen te bidden zodat ze geloof kunnen hebben. Natuurlijk is het jammer dat zij geen geloof kunnen hebben, zelfs niet nadat ze getuige zijn geweest van de kracht van God en zoveel naar het Woord van God luisteren, maar het is nog steeds beter dan helemaal niets te proberen. In het geval van het langs de weg gelijke harten, hebben hun familieleden en gemeenteleiders voor hen gebeden en hen geleidt, maar het is belangrijk dat zij ook hun eigen pogingen ondernemen. Dan, op een bepaald punt, zal het Woord van God in hun harten opkomen.

Het hart dat vergeleken kan worden met een rotsachtige grond moet de liefde voor de wereld verwerpen

Wanneer u zaad zaait in een rotsachtige grond, zullen zij ook niet opkomen omdat ze niet goed kunnen groeien door de rotsen. Op dezelfde manier, vervallen degenen met een hart van rotsachtige grond, snel in beproevingen, vervolgingen of verleidingen.

Wanneer ze de genade van God ontvangen, voelen zij alsof zij echt willen proberen om te leven door het Woord van God. Ze ervaren misschien zelfs ook de vurige werken van de Heilige Geest. Dat is om te zeggen, dat het zaad van het Woord in hun hart viel en het groeide op. Echter, zelfs na het ontvangen van deze genade, hebben ze tweestrijdige gedachten die opkomen wanneer zij op het punt staan om de volgende zondag naar de kerk te gaan. Ze hebben zeker de Heilige Geest ervaren, maar ze beginnen ook te twijfelen, dat het misschien een soort van tijdelijke emotionele opwinding was. Ze hebben gedachten die hen laten twijfelen, en ze sluiten opnieuw de deur van hun hart.

Voor anderen, kan het conflict zijn dat ze niet echt hun hobby's of andere vermaken kunnen opgeven waar ze zo aan gewoon zijn om van te genieten, en ze daarom de Dag des Heren niet onderhouden. Wanneer zij door hun familieleden worden vervolgd of hun werkgever, terwijl zij een Geest vervuld leven leiden in geloof, stoppen zij met naar de kerk te gaan. Ze ontvangen grote genade en lijken een vurig leven in geloof te leiden voor een bepaalde tijd, maar wanneer ze problemen hebben met andere gelovigen in de kerk, hebben ze misschien aanstoot genomen en verlaten zij spoedig de kerk.

Wat is dan de reden waarom het zaad van het Woord geen wortel schiet? Dat komt door de "rotsen" die in hun harten zijn geplaatst. Het vlees van het hart wordt symbolisch vertegenwoordigt door "rotsen" en het zijn deze leugens die hen ervan weerhouden om het Woord te gehoorzamen. Onder de vele leugenachtige dingen, zijn dat degenen die zo hard zijn dat ze het Woord stoppen om wortel te schieten. Om het specifieker te noemen, het is het vlees van het hart dat de wereld liefheeft.

Wanneer zij enige vorm van werelds plezier liefhebben, is het moeilijk voor hen om het Woord te bewaren wat hen verteld om "de sabbat te heiligen." Ook degenen die de rots van hebzucht in hun hart hebben, komen niet naar de kerk, omdat ze het haten om hun tienden en offers te moeten brengen aan God. Sommige mensen hebben de rotsen van haat in hun harten, dus het woord van liefde kan geen wortel schieten in hen.

Onder degenen die goed naar de kerk gaan, zijn er soms degenen die een hart hebben met rotsachtige grond. Bijvoorbeeld, ondanks dat ze geboren en opgevoed werden in Christelijke families en ze het Woord hebben geleerd van kindsbeen aan, leven zij toch niet door het Woord. Ze hebben de Heilige Geest ervaren en soms ook genade ontvangen, maar ze hebben de liefde voor de wereld niet verworpen. Terwijl zij naar het Woord luisteren, denken zij bij zichzelf dat ze niet op de manier moeten leven, zoals ze nu doen, maar wanneer zij terug naar huis gaan, gaan ze terug in de wereld. Ze leven hun levens in spreidstand met een voet aan de zijde van God en de andere voet aan de zijde van de wereld.

Vanwege het Woord dat ze hebben gehoord, verlaten ze God niet, maar ze hebben nog steeds vele rotsen in hun hart dat het Woord van God ervan weerhoudt om wortel te kunnen schieten.

Ook, sommige rotsachtige gronden zijn maar gedeeltelijk rotsachtig. Bijvoorbeeld, sommige mensen zijn getrouw zonder van gedachte te veranderen. Ze dragen ook enkele vruchten. Maar ze hebben haat in hun hart, en ze hebben met anderen conflicten in elke zaak. Ze oordelen en veroordelen ook, dus ze verbreken overal de vrede. Om die reden, dragen ze na vele jaren, nog niet de vrucht van liefde of de vrucht van zachtmoedigheid. Anderen hebben zachtmoedige en goede harten. Ze zijn attent en begripvol naar anderen toe, maar ze zijn niet trouw. Ze verbreken gemakkelijk beloften en zijn onverantwoordelijk in vele aspecten. Dus, ze moeten hun tekortkomingen verbeteren om hun hart om te ploegen tot goede grond.

Wat moeten we nu doen om de rotsachtige grond om te ploegen?

Ten eerste, moeten we ijverig het Woord volgen. Een bepaalde gelovige probeert zijn plichten in gehoorzaamheid aan het Woord te vervullen dat ons zegt om trouw te zijn. Maar het is niet zo gemakkelijk als hij had verwacht.

Toen hij nog een oningewijd lid van de kerk was, die nog geen titel of positie had, dienden andere leden hem. Maar nu in zijn positie moet hij de andere oningewijde leden dienen. Hij probeert misschien zijn best te doen, maar hij vindt het moeilijk wanneer hij met iemand werkt die het niet echt eens is met zijn manieren. Zijn slechte gevoelens zoals wrevel en opvliegendheid komen naar boven in zijn hart. Hij verliest geleidelijk aan de volheid van de Geest, en hij denkt er zelfs over na om zijn plichten te verlaten.

Dan, worden die slechte gevoelens de rotsen die hij moet verwijderen vanuit zijn hart. Deze slechte gevoelens komen voort uit de grote rots, genaamd "haat." Wanneer hij probeert om het Woord te gehoorzamen, "wees getrouw", komt hij de rots genaamd "haat" tegen. Wanneer hij het ontdekt, moet hij de rots genaamd "haat" aanvallen, en eruit trekken. Alleen dan kan hij het Woord gehoorzamen dat ons zegt om lief te hebben en vrede te hebben. Hij moet ook niet zomaar opgeven omdat het moeilijk wordt, maar hij moet zich nog steviger vast houden aan zijn plicht en het gepassioneerder vervullen. Op die manier kan hij veranderen in een werker die zachtmoedig is.

Vervolgens moeten we ernstig bidden, terwijl we het Woord van God uitoefenen. Wanneer de regen valt op de grond, wordt het vochtig en zacht. Het is dan een goede tijd om rotsen te verwijderen. Evenzo, wanneer wij bidden, zullen wij met de Geest worden vervuld, en wordt ons hart zachter. Wanneer we gevuld zijn met de Heilige Geest door te bidden, zouden we geen enkele kans moeten missen. We moeten de rotsen snel verwijderen. Dat wil zeggen, dat we de dingen moeten uitoefenen, die we daarvoor niet konden gehoorzamen. Wanneer we dat keer op keer blijven doen, kunnen zelfs de diep gelegen grote rotsen worden losgeschud en verwijderd. Wanneer we de genade en kracht ontvangen die God ons geeft en de volheid van de Heilige Geest, kunnen we de zonde en het kwade verwerpen dat we niet konden verwerpen met onze eigen wilskracht.

De doornachtige grond draagt geen vrucht door de zorgen van de wereld en de misleidingen van rijkdom

Wanneer we zaden in doornachtige plaatsen zaaien, kunnen ze opschieten en groeien, maar mede door de doornen kunnen zij geen vrucht dragen. Evenzo, degenen die het hart hebben dat gelijkt op doornachtige grond, geloven en proberen het Woord uit te oefenen dat gegeven is, maar ze kunnen het Woord niet volledig in de praktijk brengen. Dat komt omdat ze de zorgen van de wereld en de misleidingen van rijkdom, zoals hebzucht naar geld, roem en macht hebben. Om die reden, leven zij in kwellingen en moeilijkheden.

Zo'n mensen hebben voortdurend zorgen over natuurlijke dingen zoals huishoudelijke karweitjes, hun zaak, of hun werk van morgen, zelfs al komen ze naar de kerk. Ze zouden rust en nieuwe kracht moeten ontvangen terwijl ze in de kerkdienst aanwezig zijn, maar ze hebben enkel opgestapelde zorgen en bezorgdheden. Ondanks dat ze dan vele zondagen in de kerk spenderen, kunnen zij niet echt genieten van de ware vreugde en vrede van het heiligen van de zondagen. Als zij werkelijk de zondagen heiligden, zouden hun zielen voorspoedig zijn en zouden zij geestelijke en materiele zegeningen ontvangen. Maar, ze zijn niet in staat om zo'n zegeningen te ontvangen. Dus ze moeten de doornen verwijderen en het Woord van God op gepaste wijze uitoefenen zodat ze goede grond kunnen hebben.

Hoe kunnen we nu de doornachtige grond omploegen?

We moeten de doornen met wortel en al uitrukken. Doornen

symboliseren vleselijke gedachten. Hun wortels symboliseren het kwade en de vleselijke dingen van het hart. Dat wil zeggen, dat de slechte en vleselijke houdingen van het hart de bronnen van vleselijke gedachten zijn. Wanneer alleen de takken maar worden afgeknipt van de doornstruiken, zullen zij opnieuw groeien. Evenzo, wanneer wij ons denken opmaken om geen vleselijke gedachten te hebben, kunnen we ze niet stoppen, zolang we slechtheid in onze harten hebben. We moeten het vlees van ons hart rukken vanaf de wortel.

Onder de vele wortels, als wij de wortels, genaamd hebzucht en arrogantie uitrukken, kunnen we het vlees van ons hart verwijderen tot een veel betekende mate. We zijn geneigd om gebonden te worden door de wereld en de zorgen om de wereldse dingen, omdat we hebzucht hebben naar vleselijke dingen. Wanneer we altijd denken aan de eigen voordelen, en onze eigen weg volgen, ondanks dat we zeggen dat we door het Woord van God leven. Ook, wanneer wij arrogantie hebben kunnen we niet volledig gehoorzamen. We gebruiken vleselijke wijsheid en onze vleselijke gedachten omdat we denken dat we bekwaam zijn om dat te doen. Daarom moeten we eerst te wortels van hebzucht en arrogantie uitrukken.

Goede grond ontwikkelen

Wanneer zaad opgroeit in goede grond, dan spruit het uit en draagt het 30-, 60-, of 100-voudig meer vrucht. Degenen die zo'n grond in hun hart hebben, hebben geen zelfrechtvaardiging en kaders, zoals degenen die harten hebben als langs de weg. Ze hebben geen rotsen of doornen, en dus gehoorzamen zij het Woord van God enkel met "ja" en "amen." Op die manier kunnen zij overvloedig vrucht dragen.

Natuurlijk, is het moeilijk om een duidelijk onderscheid te maken tussen de langs de weg, rotsachtige grond, doornachtige grond en goede grond van het hart van mensen, wanneer wij het tot een bepaalde mate analyseren. Een langs de weg hart kan ook wat rotsachtige grond bezitten. Zelfs goede grond kan enige toegang tot leugen hebben, dat zijn dan als rotsen in het groeiproces. Maar ongeacht wat voor soort grond, we kunnen het tot goede grond maken als we het ijverig omploegen. Op dezelfde manier, is het belangrijker hoe ijverig wij de grond omploegen, dan wat voor soort grond we in ons hart hebben.

Zelfs een zeer ruw onvruchtbaar land kan worden ontwikkeld tot een goede grond als de boer het heel ijverig omploegt. Evenzo, kan de grond van het hart van mensen worden veranderd door de kracht van God. Zelfs het hardste hart zoals langs de weg kan worden omgeploegd met de hulp van de Heilige Geest.

Natuurlijk, betekent het ontvangen van de Heilige Geest niet noodzakelijk dat onze harten automatisch zullen veranderen. Er moet ook onze eigen inzet zijn. We moeten proberen om vurig te bidden, enkel aan de waarheid proberen te denken, en de waarheid proberen uit te oefenen. We moeten niet opgeven na enkele weken of maanden van proberen, maar we moeten blijven proberen.

God beschouwt onze inzet, voordat Hij ons Zijn genade en kracht en hulp van de Heilige Geest geeft. Wanneer wij dat in gedachte houden, wat we willen veranderen en ook daadwerkelijk deze karakters veranderen door de genade en kracht van God en de hulp van de Heilige Geest, zullen wij uiteindelijk heel anders zijn na een jaar. We zullen goede woorden spreken, volgende de waarheid, en onze gedachten zullen veranderen in goede gedachten die van de waarheid zijn.

Tot de mate dat wij de grond van ons hart omploegen in goede grond, zullen wij ook de andere vruchten van de Heilige Geest dragen. Vooral, zachtmoedigheid staat nauw in verband met het ontwikkelen van de grond van ons hart. Tenzij wij de verschillende leugens zoals stemmingen, haat, na-ijver, hebzucht, ruzie, opscheppen en zelfgerechtigheid niet verwijderen, kunnen wij geen zachtmoedigheid hebben. Dan, kunnen andere zielen ook geen rust in ons vinden.

Om die reden is zachtmoedigheid meer direct te relateren aan heiligheid dan aan de andere vruchten van de Heilige Geest. We kunnen snel alles ontvangen waar we om bidden, zoals goede grond vrucht produceert, wanneer we geestelijke zachtmoedigheid hebben ontwikkeld. We zullen ook in staat zijn om de stem van de Heilige Geest duidelijker te horen, zodat we in alle dingen geleid kunnen worden naar voorspoedige wegen.

Zegeningen voor de zachtmoedigen

Het is niet gemakkelijk om een bedrijf te leiden met meer dan honderd werknemers. Zelfs wanneer u de leider bent geworden van een groep door een verkiezing, is het niet gemakkelijk om de hele groep te leiden. Om in staat te zijn om zoveel mensen te verenigen en te leiden, moet iemand in staat zijn om de harten van mensen te winnen door geestelijke zachtmoedigheid.

Natuurlijk, volgen mensen misschien degenen die macht hebben of degenen die rijk zijn en degenen in nood in deze wereld lijken te helpen. Een Koreaans gezegde gaat als volgt, "Wanneer de hond van een minister sterft, is er een vloed met rouwdragers, maar wanneer de minister zelf sterft, is er geen rouwdrager." Zoals dit gezegde zegt, kunnen we ontdekken of een persoon echt de kwaliteit heeft van vrijgevigheid, wanneer hij zijn macht en rijkdom verliest. Wanneer een persoon rijk en machtig is, lijken de mensen hem te volgen, maar het is moeilijk om iemand te vinden die bij een persoon wil blijven tot het einde, ondanks dat hij al zijn macht en rijkdom is verloren.

Maar hij die deugdzaamheid en vrijgevigheid bezit wordt door vele mensen gevolgd, zelfs wanneer hij zijn macht en rijkdom verliest. Ze volgen hem niet voor geldgewin, maar om rust bij hem te vinden.

Zelfs in de kerk, zeggen sommige leiders dat het moeilijk is omdat ze niet in staat zijn om een handje vol huisgroep leden te aanvaarden en te omarmen. Wanneer zij opwekking willen hebben in hun groep, zouden zij eerst een zachtmoedig hart moeten ontwikkelen dat zo zacht is als katoen. Dan, zullen de leden rust vinden bij hun leiders, van de vrede en het geluk genieten, en zal opwekking automatisch stromen. Voorgangers en bedienaren moeten heel zachtmoedig zijn en in staat zijn om vele zielen te aanvaarden.

Er zijn zegeningen die worden gegeven aan de zachtmoedigen. Mattheüs 5:5 zegt, *"Zalig de zachtmoedigen, want zij zullen de aarde beërven."* Zoals eerder vermeld, om de aarde te beërven betekent niet dat we alleen land hier in deze wereld zullen ontvangen. Het betekent dat we land in de Hemel zullen ontvangen tot de mate dat we geestelijke zachtmoedigheid in ons hart hebben ontwikkeld. We zullen een groot genoeg huis ontvangen in de hemel, zodat we elke ziel kunnen uitnodigen die rust in ons heeft gevonden.

Zo'n grote verblijfplaats krijgen in de Hemel, betekent ook dat we een hele eervolle positie zullen hebben. Ondanks dat we zo'n groot stuk land hier op aarde hebben, we kunnen het niet meenemen naar de Hemel. Maar het land dat we ontvangen in de Hemel door een zachtmoedig hart te ontwikkelen, zal ons erfdeel zijn dat nooit zal verdwijnen. We zullen van eeuwig geluk genieten in onze plaats samen met de Here en onze geliefden.

Daarom, hoop ik dat u ijverig uw hart zult omploegen om de mooie vrucht van zachtmoedigheid te dragen, zodat u een groot stuk land kunt erven in het hemelse koninkrijk zoals dat van Mozes.

1 Korintiërs 9:25

"En al wie aan een wedstrijd deelneemt,

beheerst zich in alles;

zij om een vergankelijke erekrans te verkrijgen,

wij om een onvergankelijke."

Hoofdstuk 10

Zelfbeheersing

Zelfbeheersing is in elk aspect van het leven nodig
Zelfbeheersing is de basis voor Gods kinderen
Zelfbeheersing vervolmaakt de vruchten van de Heilige Geest
Bewijzen dat de vrucht van zelfbeheersing werd gedragen
Wanneer u de vrucht van zelfbeheersing wilt dragen

Zelfbeheersing

Een marathon is een wedloop van 42,195 km (26 mijl en 385 yard). De hardlopers moeten hun tempo goed beheersen om tot de eindstreep te komen. Het is geen korte afstand die snel voorbij is, dus ze moeten niet zomaar op volle snelheid lopen. Ze moeten een heel standvastig tempo aanhouden gedurende de hele wedloop, en wanneer zij op een bepaald punt komen, kunnen ze hun laatste beetje energie gebruiken om te sprinten.

Hetzelfde principe kan worden toegepast op ons leven. We moeten standvastig getrouw zijn tot het einde in onze wedloop van geloof en de strijd met onszelf overwinnen om de overwinning te behalen. Bovendien, degenen die de glorieuze kronen willen ontvangen in het Hemelse koninkrijk moeten ook in staat zijn om zelfbeheersing te oefenen in alle dingen.

Zelfbeheersing is in elk aspect van het leven nodig

We kunnen in deze wereld zien dat degenen die geen zelfbeheersing hebben, hun leven complex maken en moeilijkheden voor zichzelf veroorzaken. Bijvoorbeeld, wanneer de ouders teveel liefde geven aan hun zoon, omdat hij het enige kind is, is het heel waarschijnlijk dat het kind wordt verwend. Ook, ondanks dat ze weten dat ze voor hun familie moeten zorgen en beheren, vernietigen degenen die gokken of andere vormen van pleziertjes volgen hun familie, omdat ze zichzelf niet kunnen beheersen. Ze zeggen, "Dit zal de laatste keer zijn. Ik ga het niet meer doen," maar dat laatste gedeelte, blijft zich keer op keer herhalen.

In de beroemde Chinese historische roman Romance van drie koninkrijken is Zhang Fei vol van affectie en moed, maar hij is opvliegend en agressief. Liu Bei en Guan Yu, die een broederschap met hem beloven, zijn altijd bezorgd dat hij op elk moment een fout zal maken. Zhang Fei ontvangt veel advies, maar hij kan niet echt zijn karakter veranderen. Uiteindelijk komt hij in de problemen door zijn opvliegendheid. Hij slaat en geselt een van zijn onderdanen die niet voldoet aan zijn verwachtingen, en twee mannen die het onterecht vonden dat ze waren gestraft, hielden een wrok tegen hem, vermoorden hem en omringden zelf het kamp van de vijand.

Op gelijke wijze, zullen degenen die hun stemmingen niet kunnen beheersen, de gevoelens van vele mensen thuis en op het werk kwetsen. Het is gemakkelijk voor hen om vijandschap te veroorzaken tussen hen en anderen, en ze zullen dus waarschijnlijk ook geen voorspoedig leven leiden. Maar degenen die wijs zijn zullen de schuld op zichzelf nemen en de anderen verdragen ook in situaties waarbij boosheid wordt aangewakkerd. Zelfs wanneer anderen grote fouten maken, beheersen zij hun stemmingen en smelten de harten van anderen met woorden van troost. Zo'n handelingen zijn wijze handelingen die de harten van vele mensen zal winnen en zal hun leven toe staan om te bloeien.

Zelfbeheersing is de basis voor Gods kinderen

Eigenlijk, moeten wij, als Gods kinderen, zelfbeheersing bezitten om de zonden te kunnen verwerpen. Des te minder zelfbeheersing wij hebben, des te moeilijker het zal zijn om de zonden te verwerpen. Wanneer wij luisteren naar het Woord van God en Gods genade ontvangen, moeten wij onze gedachten opmaken om onszelf te veranderen, maar we kunnen nog steeds worden verleid door de wereld.

We kunnen dit zien door de woorden die uit onze mond komen. Vele mensen bidden om hun lippen te heiligen en te vervolmaken. Maar in hun leven, vergeten zij wat zij hebben gebeden, en ze spreken alles uit wat ze maar willen, terwijl ze hun oude gewoonten volgen. Wanneer ze iets zien gebeuren dat moeilijk te begrijpen is, omdat het tegen datgene ingaat wat zij denken of geloven, beginnen sommige mensen er spoedig over te morren en te klagen.

Ze hebben na het klagen misschien wel spijt, maar ze kunnen zich niet beheersen, wanneer hun emoties worden aangewakkerd. Ook, vinden sommige mensen het zo leuk om veel te praten dat ze niet eens kunnen stoppen met praten, eens ze begonnen zijn. Ze hebben geen onderscheiding tussen de woorden van waarheid en van leugen, en dingen die ze wel en niet zouden moeten zeggen, dus ze maken vele fouten.

We kunnen begrijpen hoe belangrijk zelfbeheersing is, door dit aspect van het beheersen van onze woorden te zien.

Zelfbeheersing vervolmaakt de vruchten van de Heilige Geest

De vrucht van zelfbeheersing, als een van de vruchten van Heilige Geest, verwijst niet zomaar naar het beheersen van ons zonden. De zelfbeheersing zoals een van de vruchten van de

Heilige Geest beheerst de andere vruchten van de Heilige Geest, zodat deze vervolmaakt kunnen worden. Om die reden, is de eerste vrucht van de Geest, liefde en de laatste, zelfbeheersing. Zelfbeheersing is relatief minder merkbaar dan de andere vruchten, maar het is heel belangrijk. Het beheerst alle dingen, zodat er stabiliteit, organisatie en concreetheid kan zijn. Het wordt als laatste onder de vruchten van de Geest genoemd, omdat alle andere vruchten vervolmaakt kunnen worden door zelfbeheersing.

Bijvoorbeeld, ondanks dat we de vrucht van vreugde hebben, kunnen we niet zomaar overal, te allen tijde vreugde uitdrukken. Wanneer andere mensen treuren tijdens een begrafenis, wanneer u een grote glimlach op uw gezicht hebt, wat zullen ze over u zeggen? Ze zullen niet zeggen dat u barmhartig bent omdat u de vrucht van vreugde draagt. Ondanks dat de vreugde voor het ontvangen van redding zo groot is, moeten we het beheersen overeenkomstig de situaties. Op die manier, kunnen we het tot een ware vrucht van de Heilige Geest maken.

Het is belangrijk om zelfbeheersing te hebben, wanneer we ook trouw zijn aan God. Vooral, wanneer u vele plichten heeft, moet u uw tijd goed indelen zodat u daar kan zijn waar u het meest nodig bent op de juiste tijd. Zelfs wanneer een bepaalde samenkomst heel genadig is, moet u het eindigen, wanneer het moet eindigen. Evenzo, om getrouw te zijn in geheel Gods huis, moeten wij ook de vrucht van zelfbeheersing hebben.

Het is ook zo met alle andere vruchten van de Heilige Geest, inclusief liefde, barmhartigheid, goedheid, etc. Wanneer de vruchten, die in het hart worden gedragen, getoond worden in daden, moeten we de leiding en de stem van de Heilige Geest volgen om het geschikt te maken. We kunnen prioriteit stellen aan het werk wat eerst gedaan moet worden en wat later gedaan kan worden. We kunnen beslissen of we een stap voorwaarts of achterwaarts moeten nemen. We kunnen dit soort van onderscheiding hebben door de vrucht van zelfbeheersing.

Wanneer iemand alle vruchten van de Heilige Geest volledig heeft gedragen, betekent het dat hij de verlangens van de Heilige Geest in alle dingen volgt. Om de verlangens van de Heilige Geest te volgen en te handelen in volmaaktheid, moeten we de vrucht van zelfbeheersing hebben. Dat is de reden waarom wij zeggen dat alle vruchten van de Heilige Geest worden vervolmaakt door de laatste vrucht, de vrucht van zelfbeheersing.

Bewijzen dat de vrucht van zelfbeheersing werd gedragen

Wanneer andere vruchten van de Heilige Geest die in het hart worden gedragen, uiterlijk worden gezien, zal de vrucht van zelfbeheersing als een arbitrage centrum worden dat harmonie en orde geeft. Zelfs wanneer we iets goeds in de Here nemen, is het niet altijd goed om alles te nemen wat je maar kan. Iets overmatig zeggen, is erger dan iets te weinig. In de geest ook, we moeten alles doen met mate, volgende de verlangens van de Heilige Geest.

Laat mij nu uitleggen hoe de vrucht van zelfbeheersing tot in detail kan worden getoond.

Eerst, zullen we de orde of hiërarchie in alle dingen volgen.

Door onze positie te begrijpen in de orde, zullen wij begrijpen wanneer wij moeten handelen of niet en de woorden die we wel of niet zouden moeten spreken. Dan zullen er geen ruzies, onenigheden of misverstanden zijn. We doen ook niets dat ongepast is dan of dingen die boven onze voegen uitstijgt. Bijvoorbeeld, veronderstel de leider van de zendingsgroep vraagt aan de secretaris om bepaalde dingen te doen. Deze secretaris is vol van passie, en hij voelt dat hij een beter idee heeft, dus hij verandert iets naar zijn discretie en deed het werk verder. Dan, ondanks dat hij met veel passie heeft gewerkt, heeft hij de orde niet gehouden door dingen te veranderen, mede door een gebrek aan zelfbeheersing.

God kan ons hoog in acht nemen, wanneer wij de orde volgen overeenkomstig de verschillende posities in de zendingsgroepen in de kerk, zoals de voorzitter, vicevoorzitter, administrator, secretaris, of penningmeester. Onze leiders kunnen andere manieren hebben om dingen te doen dan die van ons. Ook al lijken onze manieren beter, en zullen ze waarschijnlijk meer vrucht dragen, we kunnen geen goede vruchten dragen wanneer de orde en vrede verbroken is. Satan zal er altijd tussen komen wanneer de vrede verbroken is, en Gods werk wordt daardoor verhinderd. Tenzij een ding volledig in de leugen is, moeten wij denken aan de hele groep, en gehoorzamen en de vrede najagen overeenkomstig de orde, zodat alles mooi kan worden gedaan.

Ten tweede, we kunnen de inhoud, tijd, en plaats bekijken, zelfs wanneer we iets goed doen.

Bijvoorbeeld, om het uit te roepen in gebed is iets goeds, maar wanneer wij het zomaar uitroepen op enige plaats zonder discretie, kan het ook schade brengen aan God. Ook, wanneer u het evangelie verkondigd of leden bezoekt om geestelijke leiding te bieden, zou u de woorden die u spreekt moeten onderscheiden. Ondanks dat u misschien diepe geestelijke dingen begrijpt, kunt u het niet zomaar aan iedereen brengen. Wanneer u iets brengt dat niet past bij de mate van het geloof van de luisteraar, dan kan het veroorzaken dat de persoon struikelt of oordeelt en veroordeelt.

In sommige gevallen, geeft een persoon misschien zijn getuigenis of geeft datgene wat hij geestelijk heeft begrepen aan andere mensen die druk zijn met andere werken. Ondanks dat de inhoud heel goed is, kan hij anderen niet echt onderwijzen tenzij het in een gepaste situatie wordt gebracht. Ondanks dat anderen hem misschien wel horen om niet onbeleefd te zijn tegen hem, schenken ze niet echt de aandacht aan het getuigenis, omdat ze bezig en nerveus zijn. Laat mij u een ander voorbeeld geven. Wanneer een hele groep van mensen een samenkomst heeft met mij voor een consult, en wanneer een persoon maar zijn getuigenis blijft vertellen, wat zal er met de samenkomst gebeuren? Die persoon geeft glorie aan God, omdat hij vol is van genade en van de Geest. Maar als gevolg, gebruikt deze ene persoon de hele tijd op die gegeven is aan de hele groep. Dat komt door gebrek aan zelfbeheersing. Ondanks dat u iets heel goeds doet, zou u alle soorten van situaties moeten beschouwen en zelfbeheersing moeten hebben.

Ten derde, we zijn niet ongeduldig of hebben haast, maar zijn rustig zodat we in staat zijn om in elke situatie te reageren met onderscheiding.

Degenen die geen zelfbeheersing hebben zijn ongeduldig en hebben een gebrek aan consideratie met anderen. Terwijl ze haastig zijn, hebben zij minder kracht om te onderscheiden, en kunnen zij belangrijke dingen missen. Ze oordelen en veroordelen anderen haastig, en dat brengt ongemak onder anderen. Want degenen die ongeduldig zijn, wanneer zij naar anderen luisteren of anderen antwoorden, maken zij vele fouten. We zouden niet ongeduldig iemand moeten onderbreken die aan het praten is. We zouden aandachtig moeten luisteren tot het einde, zodat we haastige conclusies kunnen vermijden. Bovendien, kunnen we op die manier de intentie van die persoon begrijpen en er ook naar handelen.

Voordat hij de Heilige Geest ontving, had Petrus een ongeduldig en opvallend karakter. Hij probeerde zichzelf wanhopig te beheersen voor Jezus, maar ondanks dat, werd zijn karakter soms geopenbaard. Toen Jezus tegen Petrus zei dat hij Hem voor de kruisiging zou verloochenen, weerlegde Petrus onmiddellijk wat Jezus had gezegd, zeggende dat hij de Here nooit zou verloochenen.

Wanneer Petrus de vrucht van zelfbeheersing had gehad, zou hij niet met Jezus oneens geweest zijn, maar zou hij hebben geprobeerd om het juiste antwoord te vinden. Als hij had geweten dat Jezus de Zoon van God is, en dat Hij nooit iets ongetekend zou zeggen, zou hij de woorden van Jezus in zijn gedachten hebben bewaard. Door zo te doen, had hij aandachtig kunnen zijn, zodat het niet zou gebeuren. Gepaste onderscheiding stelt ons in staat om op gepaste wijze te reageren en het komt voort uit zelfbeheersing.

De joden waren heel trots op zichzelf. Ze waren zo trots dat ze de Wet van God zo nauwkeurig onderhielden. En daar Jezus de farizeeërs en de Sadduceeën, die de politieke en geestelijke leiders waren, had bestraft, konden zij geen gunstige gevoelens hebben voor Hem. Vooral toen Jezus zei dat Hij de Zoon van God was, beschouwden zij dat als Godslastering. Op dat moment was het Loofhuttenfeest nabij. Rond de oogsttijd, maakten ze dan tenten om de Exodus te herinneren en God te danken. Mensen gingen dan gebruikelijk naar Jeruzalem om het feest te vieren.

Maar Jezus ging niet naar Jeruzalem ondanks dat het bijna feest was, en Zijn broers spoorden Hem aan om naar Jeruzalem te gaan, wonderen te laten zien, en Zichzelf te openbaren om de steun van mensen te winnen (Johannes 7:3-5). Ze zeiden, *"Want niemand doet iets in het verborgen en tracht tegelijk zelf de aandacht te trekken"* (v. 4). Ondanks dat het iets heel redelijks leek te zijn, had het geen verband met God tenzij het in overeenstemming was met Zijn wil. Vanwege hun eigen denken, dachten zelfs de eigen broers van Jezus dat het niet goed was wanneer zij Jezus in stilte zagen wachten op Zijn tijd.

Als Jezus geen zelfbeheersing had gehad, zou Hij onmiddellijk naar Jeruzalem zijn gegaan om Zichzelf te openbaren. Maar Hij werd niet opgeschud door de woorden van Zijn broers. Hij wachtte alleen op de gepaste tijd en de voorziening van God om geopenbaard te worden. En toen ging Hij in stilte, onopgemerkt door de mensen, nadat al Zijn broers waren vertrokken, naar Jeruzalem. Hij handelde door de wil van God, wetende wanneer Hij precies moest gaan en wanneer te blijven.

Wanneer u de vrucht van zelfbeheersing wil dragen

Wanneer wij met anderen praten, zijn hun woorden en innerlijke harten vele malen verschillend. Sommigen proberen de fouten van andere mensen te openbaren om zo hun eigen fouten te bedekken. Ze vragen misschien iets om hun eigen hebzucht te vervullen, maar ze vragen het alsof het een verzoek van iemand anders was. Ze lijken een vraag te stellen om de wil van God te begrijpen, maar in feite, proberen ze het antwoord uit anderen te trekken. Maar wanneer u rustig met hen praat, kunnen we zien dat hun hart uiteindelijk wordt geopenbaard.

Degenen die zelfbeheersing hebben, zullen niet zo gemakkelijk worden bewogen door de woorden van andere mensen. Ze kunnen rustig luisteren naar anderen en de waarheid onderscheiden door de werken van de Heilige Geest. Wanneer zij onderscheiden met zelfbeheersing en antwoorden, kunnen zij vele fouten verminderen, die veroorzaakt kunnen worden door verkeerde beslissingen. Tot die mate, zullen zij de autoriteit en gewicht van hun woorden hebben, dus hun woorden kunnen een zwaardere impact hebben op anderen. Hoe kunnen we nu deze belangrijke vrucht van zelfbeheersing dragen?

Ten eerste, moeten we onveranderlijke harten hebben.

We moeten waarachtige harten ontwikkelen die geen leugen of list in zich heeft. Dan kunnen we de kracht hebben om datgene te doen wat we beslist hebben om te doen. Natuurlijk, kunnen we dit soort van hart niet in een nacht ontwikkelen. We moeten onszelf blijven trainen, beginnend met ons hart in kleine dingen te bewaren.

Er was een bepaalde meester en zijn leerjongens. Op een dag gingen zij door een marktplaats en sommige verkopers van de markt hadden een misverstand over hen en begonnen met hen te argumenteren. De discipelen waren woedend gemaakt en gingen ruzie maken, maar de meester was rustig. Nadat ze terug kwamen van de markt, nam hij vanuit zijn privékamer een stapel brieven. De brieven bevatten inhoud die hem ongegrond bekritiseerden, en hij liet hen deze zien.

Toen zei hij, "Ik kan het niet vermijden om verkeerd begrepen te worden. Maar het maakt mij niet uit als mensen mij verkeerd begrijpen. Ik kan de eerste vuilheid die naar mij komt niet vermijden, maar ik kan wel de dwaasheid vermijden om de vuilheid voor een tweede keer te nemen."

Hier, is de eerste vuilheid om een voorwerp van roddel te worden voor andere mensen. De tweede vuilheid is om ongemakkelijke gevoelens te hebben en te gaan argumenteren en ruzie te maken over zo'n roddels.

Wanneer wij een hart kunnen hebben, dat gelijkt op dat van deze meester, zullen wij in geen enkele situatie worden opgeschud. Maar we zullen eerder in staat zijn om ons hart te bewaren, en ons leven zal in vrede zijn. Degenen die hun hart bewaren, kunnen zichzelf in alles beheersen. Tot de mate dat we allerlei soorten van kwaad, zoals haat, na-ijver en jaloezie verwerpen, kunnen wij vertrouwd en geliefd worden door God.

De dingen die mijn ouders mij onderwezen in mijn kinderjaren, hebben mij geweldig geholpen tijdens mijn pastorale bediening. Terwijl ik onderwezen werd over de geschikte manier van spreken, manieren van lopen, en beleefde manieren en gedragingen, leerde ik om mijn hart en mijzelf te beheersen. Eens wij ons denken opmaken, kunnen we het bewaren en het niet veranderen door ons eigen voordeel te zoeken. Terwijl we onze pogingen opstapelen, zullen wij uiteindelijk een onveranderlijk hart hebben en de kracht van zelfbeheersing verkrijgen.

Ten tweede, we moeten onszelf trainen om te luisteren naar de verlangens van de Heilige Geest, door niet onze eigen mening eerst te beschouwen.

Tot de mate dat wij het Woord van God leren, laat de Heilige Geest Zijn stem door het Woord horen dat wij hebben geleerd. Zelfs wanneer we onterecht worden beschuldigd, vertelt de Heilige Geest ons om te vergeven en lief te hebben. We kunnen dan denken, "Deze persoon moet een reden hebben om dit te doen. Ik zal proberen om het misverstand bij hem weg te halen door op een vriendelijke manier met hem erover te praten." Maar wanneer ons hart meer leugens bezit, zullen wij eerst de stem van Satan horen. "Als ik hem met rust laat, zal hij op mij neer blijven kijken. Ik moet hem een lesje leren." Zelfs al horen we misschien de stem van de Heilige Geest, we zullen het missen omdat we te zwak zijn om te vergelijken in vergelijking met de overweldigende slechte gedachten.

Daarom, kunnen we de stem van de Heilige Geest horen, wanneer we ijverig de leugens verwerpen die in onze harten zijn, en het Woord van God in onze harten te bewaren. We zullen dan eerder in staat zijn om de stem van de Heilige Geest in toenemende mate te horen, dan datgene waarvan wij denken dat het dringend is en wat we denken dat goed is. Wanneer wij dan Zijn stem horen en Zijn aansporing, moeten wij het gehoorzamen en het uitoefenen. Terwijl wij onszelf trainen om aandacht te schenken en te gehoorzamen aan de verlangens van de Heilige Geest, te allen tijde, zullen wij in staat zijn om zelfs de zachtste stem van de Heilige Geest te onderscheiden. Dan zullen wij in staat zijn om in alle dingen harmonie te hebben.

In bepaalde zin, lijkt het misschien dat de zelfbeheersing het laatste voornaamste karakter is onder alle negen vruchten van de Heilige Geest. Het is echter noodzakelijk in alle gebieden van de verschillende vruchten. Het is zelfbeheersing dat alle andere acht vruchten van de Heilige Geest: liefde, blijdschap, vrede, lankmoedigheid, vriendelijkheid, goedheid, trouw en zachtmoedigheid beheerst. Bovendien, zullen alle andere acht vruchten worden vervolmaakt door de vrucht van zelfbeheersing, en om die reden, is de laatste vrucht van zelfbeheersing zo belangrijk.

Elk van deze vruchten van de Heilige Geest is zoveel kostbaarder en mooier dan enige kostbare edelsteen van deze wereld. We kunnen alles ontvangen wat we in gebed vragen en we zullen in alle dingen voorspoedig zijn als we de vruchten van de Heilige Geest dragen. We kunnen ook de glorie van God openbaren door de kracht en autoriteit van het Licht in deze wereld te laten zien. Ik hoop dat u zult verlangen naar en de vruchten van de Heilige Geest zult bezitten, meer dan enige schat van deze wereld.

Tegen Zodanige Mensen Is De Wet Niet

Galaten 5:22-23

"Maar de vrucht van de Geest is

liefde, blijdschap, vrede,

lankmoedigheid, vriendelijkheid,

goedheid, trouw, zachtmoedigheid,

zelfbeheersing. Tegen zodanige mensen is de wet niet."

Hoofdstuk 11

Tegen zodanige mensen is de wet niet

Want wij zijn geroepen tot vrijheid
Wandel door de Geest
De eerste van de negen vruchten is liefde
Tegen zodanige mensen is de Wet niet

Tegen zodanige mensen is de wet niet

De apostel Paulus was een jood onder de joden, en was op weg naar Damascus om de christenen gevangen te nemen. Op zijn weg, ontmoette hij echter de Here en bekeerde zich. Hij besefte op dat moment, de waarheid van het evangelie niet waarin iemand gered kon worden door geloof in Jezus Christus, maar nadat hij de gave van de Heilige Geest had ontvangen, ging hij de evangelisatie onder de heidenen leiden, onder de leiding van de Heilige Geest.

De negen vruchten van de Heilige Geest zijn opgeschreven in hoofdstuk 5 van het boek Galaten, welke een van zijn brieven is. Wanneer we de situaties van die tijd begrijpen, kunnen we de reden begrijpen waarom Paulus aan de Galaten schreef en hoe belangrijk het is voor christenen om de vruchten van de Geest te dragen.

Want wij zijn geroepen tot vrijheid

Tijdens zijn eerste zendingsreis ging Paulus naar Galatië. In de synagoge preekte hij niet de wet van Mozes en de besnijdenis, maar enkel het evangelie van Jezus Christus. Zijn woorden werden bevestigd door tekenen, en vele mensen ontvingen redding. De gelovigen van de kerk van Galatië hielden heel veel van hem, zodat ze zelfs hun ogen wilden uitrukken om aan Paulus te geven, mocht dat mogelijk zijn.

Nadat Paulus zijn eerste zendingsreis had volbracht, en terugkeerde naar Antiochië, ontstond er een probleem in de kerk. Sommige mensen kwamen van Judea en onderwezen dat de heidenen besneden moesten worden om redding te ontvangen.

Paulus en Barnabas hadden grote onenigheid en discussieerden met hen.

De broeders besloten dat Paulus en Barnabas en een paar anderen naar Jeruzalem zouden gaan naar de apostelen en oudsten om deze zaak te bespreken. Ze voelden de nood om tot een conclusie te komen over de Wet van Mozes terwijl ze het evangelie preekten aan de heidenen zowel in kerk van Antiochië als in Galatië.

Handelingen hoofdstuk 15 beschrijft de situaties voor en na de Raad van Jeruzalem, en hieruit kunnen wij opmaken hoe serieus de situaties in die tijd waren. De apostelen, die de discipelen van Jezus waren, en de oudsten en de gemeentevertegenwoordigers kwamen samen en ging de discussie aan, en ze besloten dat de heidenen zich enkel moesten onthouden van hetgeen wat aan afgoden geofferd was, en van hoererij en het bloed van het verstikte.

Ze zonden mannen naar Antiochië om de officiële brieven welke geschreven waren met het besluit van de Raad af te geven, omdat Antiochië het centrum van evangelisatie onder de heidenen was. Ze gaven enige vrijheid aan de heidenen in het onderhouden van de Wet van Mozes omdat het heel moeilijk voor hen zou zijn om de wetten net zoals de joden te bewaren. Op die manier, kon elke heiden redding ontvangen door te geloven in Jezus Christus.

Handelingen 15:28-29 zeg, *"Want het heeft de heilige Geest en ons goed gedacht, u verder geen last op te leggen dan dit noodzakelijke: onthouding van hetgeen de afgoden geofferd is, van bloed, van het verstikte en van hoererij; indien gij u hier voor wacht, zult gij wèl doen. Vaart wel!"*

Het besluit van de Raad van Jeruzalem werd aan alle kerken

gebracht, maar degenen die de waarheid van het evangelie niet begrepen en de weg van het kruis, bleven in de kerken onderwijzen dat de gelovigen de Wet van Mozes moesten onderhouden. Enkele valse profeten kwamen ook de kerk binnen en verontrustten de gelovigen door de apostel Paulus, die de Wet niet onderwees te bekritiseren.

Toen er zich zo'n situatie afspeelde in de kerk van Galatië, legde de apostel Paulus in zijn brief de ware vrijheid van christenen uit. Zeggende dat hij de Wet van Mozes eens streng onderhield, maar een apostel van de heidenen werd nadat hij de Here ontmoette, onderwees hij hen het ware evangelie zeggende, *"Dit alleen zou ik van u willen weten: Hebt gij de Geest ontvangen ten gevolge van werken der wet, of van de prediking van het geloof? Zijt gij zó onverstandig? Gij zijt begonnen met de Geest, eindigt gij nu met het vlees? Was het dan tevergeefs, dat gij zoveel hebt ondervonden? Ware het slechts tevergeefs! Die u de Geest schenkt en krachten onder u werkt, (doet Hij dit) ten gevolge van werken der wet, of van de prediking van het geloof?"* (Galaten 3:2-5).

Hij beweerde dat het evangelie van Jezus Christus dat hij onderwees echt was, omdat het een openbaring van God was, en de reden waarom de heidenen hun lichaam niet moesten besnijden was omdat het belangrijker was dat ze hun harten besneden. Hij onderwees hen ook over de lusten van het vlees en de verlangens van de Heilige Geest, en over de werken van het vlees en de vruchten van de Heilige Geest. Het was om hen te laten begrijpen hoe ze hun vrijheid moesten gebruiken die zij hadden verkregen door de waarheid van evangelie.

Wandel door de Geest

Wat is dan de reden waarom God de wet van Mozes gaf? Dat kwam omdat de mensen slecht waren en hun zonden niet als zonden wilden erkennen. God liet hen hun zonden beseffen, en liet hen het probleem van zonde oplossen en de gerechtigheid van God bereiken. Maar het zondeprobleem kon niet volledig worden opgelost door de daden van de Wet en om die reden, liet God de mensen de gerechtigheid bereiken van God, door geloof in Jezus Christus. Galaten 3:13-14 zegt, *"Christus heeft ons vrijgekocht van de vloek der wet door voor ons een vloek te worden; want er staat geschreven: Vervloekt is een ieder, die aan het hout hangt. Zo is de zegen van Abraham tot de heidenen gekomen in Jezus Christus, opdat wij de belofte des Geestes ontvangen zouden door het geloof."*

Maar het betekent niet dat de Wet werd afgeschaft. Jezus zei in Mattheüs 5:17, *"Meent niet, dat Ik gekomen ben om de wet of de profeten te ontbinden; Ik ben niet gekomen om te ontbinden, maar om te vervullen,"* en zeide in het volgende vers 20, *"Want Ik zeg u: Indien uw gerechtigheid niet overvloedig is, meer dan die der Schriftgeleerden en Farizeeën, zult gij het Koninkrijk der hemelen voorzeker niet binnengaan."*

De apostel Paulus zei tot de gelovigen in de kerk van Galatië, *"Mijn kinderen, ter wille van wie ik opnieuw weeën doorsta, totdat Christus in u gestalte verkregen heeft"* (Galaten 4:19), en tot slot adviseert hij hen, zeggende, *"Want gij zijt geroepen, broeders, om vrij te zijn; (gebruikt) echter die vrijheid niet als een aanleiding voor het vlees, maar dient elkander door de liefde. Want de gehele wet is in één woord vervuld, in dit: gij zult uw naaste liefhebben als uzelf. Indien gij echter elkander bijt en vereet, ziet dan toe, dat gij niet door elkander verslonden wordt"* (Galaten 5:13-15).

Als kinderen van God, die de Heilige Geest hebben ontvangen, wat moeten wij dan doen om anderen te dienen door de liefde, tot Christus in ons gevormd is? We moeten wandelen door de Heilige Geest, dat we niet de lusten van het vlees uitdragen. We kunnen onze buren liefhebben en de vorm van Christus in ons hebben, wanneer we de negen vruchten van de Heilige Geest dragen door Zijn leiding.

Jezus Christus ontving de vloek van de Wet en stierf op het kruis, ondanks dat Hij onschuldig was en door Hem hebben wij vrijheid verkregen. Voor ons, om niet opnieuw slaven van de zonde te worden, moeten wij de vruchten van de Geest dragen.

Wanneer wij opnieuw zondigen met deze vrijheid en de Here opnieuw kruisigen door de werken van het vlees te doen, zullen wij het koninkrijk van God niet beërven. Aan de andere kant, wanneer wij de vruchten van de Geest dragen door te wandelen in de Geest, zal God ons beschermen, zodat de vijand duivel en satan ons niet kunnen beschadigen. Bovendien, zullen we alles ontvangen wat wij in gebed vragen.

> *"Geliefden, als ons hart ons niet veroordeelt, hebben wij vrijmoedigheid tegenover God, en ontvangen wij van Hem al wat wij bidden, daar wij zijn geboden bewaren en doen wat welgevallig is voor zijn aangezicht. En dit is zijn gebod: dat wij geloven in de naam van zijn Zoon Jezus Christus en elkander*

liefhebben, gelijk Hij ons geboden heeft" (1 Johannes 3:21-23).

"Wij weten, dat een ieder, die uit God geboren is, niet zondigt; want Hij, die uit God geboren werd, bewaart hem, en de boze heeft geen vat op hem" (1 Johannes 5:18).

We kunnen de vruchten van de Geest dragen en genieten van de ware vrijheid als christenen, wanneer wij het geloof hebben om te wandelen in de Geest en het geloof werkende door liefde.

De eerste van de negen vruchten is liefde

De eerste vrucht van de negen vruchten van de Geest, is liefde. De liefde zoals in 1 Korintiërs 13 is de liefde om geestelijke liefde te ontwikkelen terwijl de liefde als een van de vruchten van de Heilige Geest, op een hoger niveau is; het is ongelimiteerde en eindeloze liefde, welke de Wet vervuld. Het is de liefde van God en Jezus Christus. Wanneer wij deze liefde hebben, kunnen wij onszelf volledig wegcijferen door de hulp van de Heilige Geest.

We kunnen de vrucht van blijdschap dragen tot de mate dat wij deze liefde hebben ontwikkelt, zodat we ons kunnen verblijden en verheugd kunnen zijn in elke omstandigheid. Op die manier, zullen wij met niemand enig probleem hebben, dus zullen we de vrucht van vrede dragen.

Terwijl we de vrede met God, met onszelf, en met iedereen bewaren, zullen wij natuurlijk de vrucht van lankmoedigheid dragen. Het soort van lankmoedigheid dat God wil, is dat we niets meer hoeven te verdragen, omdat we de volledige goedheid en waarheid in ons hebben. Wanneer wij echte liefde hebben, kunnen wij elk soort van persoon begrijpen en aanvaarden, zonder enige slechte gevoelens te hebben. Daarom, zouden wij niet moeten vergeven of verdragen in ons hart.

Wanneer wij lankmoedig met anderen zijn in goedheid, zullen wij de vrucht van vriendelijkheid dragen. Wanneer wij in goedheid geduldig zijn, zelfs met de mensen die we niet echt begrijpen, dan kunnen wij hen vriendelijkheid laten zien. Zelfs wanneer zij dingen doen die volledig buiten norm zijn, zullen wij hun standpunt begrijpen en hen aanvaarden.

Degenen die de vrucht van vriendelijkheid dragen zullen ook goedheid hebben. Ze zullen anderen hoger achten dan zichzelf en kijken naar de interesses van anderen alsook naar die van zichzelf. Ze maken met niemand ruzie, noch verheffen zij hun stemmen. Ze zullen het hart van de Here hebben, die het geknakte riet niet verbreekt of een persoon als een walmende vlaspit niet dooft. Wanneer u de vrucht van goedheid draagt, zult u niet vasthouden aan uw eigen meningen. U zult enkel getrouw zijn in geheel Gods huis en zachtmoedig zijn.

Degenen die zachtmoedig zijn zouden voor niemand een struikelblok zijn, en ze kunnen met iedereen vrede hebben. Ze bezitten een vrijgevig hart zodat ze niemand oordelen of veroordelen, maar ze begrijpen en aanvaarden anderen.

Om de vruchten van liefde, blijdschap, vrede, lankmoedigheid, vriendelijkheid, goedheid, trouw, en zachtmoedigheid te dragen in harmonie, moet er zelfbeheersing zijn. Overvloed in God is goed, maar Gods werken moeten worden bereikt. We hebben zelfbeheersing nodig om onszelf niet uit te putten, zelfs wanneer het iets goed is. Wanneer wij de wil van de Heilige Geest op die manier volgen, zal God alles laten medewerken ten goede.

Tegen zodanige mensen is de Wet niet

De Helper, de Heilige Geest, leidt Gods kinderen naar de waarheid zodat ze kunnen genieten van ware vrijheid en geluk. Ware vrijheid is redding van zonden en de kracht van Satan die ons probeert te stoppen van het dienen van God en te genieten van een gelukkig leven. Het is ook geluk wat verkregen wordt door relatie met God te hebben.

Zoals geschreven staat in Romeinen 8:2, *"Want de wet van de Geest des levens heeft u in Christus Jezus vrijgemaakt, van de wet der zonde en des doods."* Is het de vrijheid die enkel verkregen kan worden, wanneer wij in Jezus Christus geloven in ons hart en wandelen in het licht. Deze vrijheid kan niet worden verkregen door menselijke kracht. Het kan nooit verkregen worden zonder de genade van God, en het is een zegen waar we voortdurend van kunnen genieten, zolang we maar ons geloof bewaren.

Jezus zei ook in Johannes 8:32, *"...en gij zult de waarheid verstaan, en de waarheid zal u vrijmaken."* Vrijheid is de waarheid, en het is onveranderlijk. Het wordt leven voor ons en leidt ons naar het eeuwige leven. Er is geen waarheid in deze vergankelijke en veranderende wereld; enkel het onveranderlijke Woord van God is de waarheid. Om de waarheid te kennen, is het

Woord van God te leren, het te onthouden en in de praktijk te brengen.

Maar het is niet altijd gemakkelijk om de waarheid uit te oefenen. Mensen hebben de leugen die zij hebben geleerd, voordat zij God leerden kennen, en die leugens weerhouden hen ervan om de waarheid uit te oefenen. De wet van het vlees dat verlangt om de leugen te volgen en de wet van de Geest van leven dat verlangt om de waarheid te volgen zal oorlog tegen elkaar voeren (Galaten 5:17). Dit is de oorlog om de vrijheid van de waarheid te verkrijgen. Deze oorlog zal doorgaan totdat ons geloof standvastig is en wij staan op de rots van geloof die nooit wankelt.

Terwijl wij op de rots van geloof staan, voelt het veel gemakkelijker om de goede strijd te strijden. Wanneer we al het kwade verwerpen en geheiligd worden, dat is wanneer wij uiteindelijk in staat zijn om te genieten van de vrijheid van waarheid. We zullen niet meer de goede strijd moeten strijden dan, omdat we alleen maar te allen tijde de waarheid uitoefenen. Wanneer we de vruchten van de Heilige Geest dragen door Zijn leiding, kan niemand ons stoppen van de vrijheid van de waarheid.

Dat is de reden waarom Galaten 5:18 zegt, *"Indien gij u echter door de Geest laat leiden, dan zijt gij niet onder de wet,"* en de volgende verzen 22-23 zeggen, *"Maar de vrucht van de Geest is liefde, blijdschap, vrede, lankmoedigheid, vriendelijkheid, goedheid, trouw, zachtmoedigheid, zelfbeheersing. Tegen zodanige mensen is de wet niet."*

De boodschap van de negen vruchten van de Heilige Geest is

als de sleutel om de poort van zegeningen te kunnen openen. Maar alleen de sleutel bezitten om de deur van zegeningen te openen, zal de deur nog niet openen. We moeten eigenlijk de sleutel in het slot stoppen en het openen, en hetzelfde geldt ook voor het Woord van God. Ongeacht hoeveel we horen, het is nog niet volkomen van ons. We kunnen de zegeningen die het Woord van God bevat ontvangen, enkel wanneer we het in de praktijk brengen.

Mattheüs 7:21 zegt, *"Niet een ieder, die tot Mij zegt: Here, Here, zal het Koninkrijk der hemelen binnengaan, maar wie doet de wil mijns Vaders, die in de hemelen is."* Jakobus 1:25 zegt, *"Maar wie zich verdiept in de volmaakte wet, die der vrijheid, en daarbij blijft, niet als een vergeetachtige hoorder, doch als een werkelijk dader, die zal zalig zijn in zijn doen."*

Voor ons om Gods liefde en zegeningen te ontvangen, is het belangrijk om te begrijpen wat de vruchten van de Heilige Geest zijn, deze in onze gedachten te bewaren, en eigenlijk die vruchten te dragen door het Woord van God uit te oefenen. Wanneer wij de vruchten van de Heilige Geest volledig dragen door de waarheid volkomen uit te oefenen, kunnen we genieten van ware vrijheid in de waarheid. We zullen duidelijk de stem van de Heilige Geest horen en geleid worden in al onze wegen, zodat we voorspoedig zullen zijn in alle respect. Ik bid in de naam van de Here, dat u zult genieten van grote eer zowel op deze aarde als in het Nieuwe Jeruzalem, onze eindbestemming van geloof.

De auteur:
Dr. Jaerock Lee

Dr. Jaerock Lee werd geboren in Muan, Provincie Jeonnam, Republiek van Korea, in 1943. In zijn twintiger jaren, leed Dr. Lee aan verschillende ongeneeslijke ziektes gedurende zeven jaar en wachtte op zijn dood zonder enige hoop op herstel. Op een dag in de lente van 1974, echter, werd hij naar een kerk geleid door zijn zuster en toen hij neerknielde om te bidden, genas de levende God hem onmiddellijk van al zijn ziektes.

Vanaf die tijd, ontmoette Dr. Lee de levende God door deze wonderlijke ervaring, hij heeft God lief met zijn hele hart en in oprechtheid, en in 1978 werd hij geroepen om een dienstknecht van God te zijn. Hij bad vurig zodat hij duidelijk de wil van God kon begrijpen en deze volledig te vervullen en alle woorden van God te gehoorzamen. In 1982, richtte hij de Manmin Kerk op in Seoul, Zuid-Korea, en ontelbare werken van God, inclusief wonderlijke wonderen van genezing en tekenen, hebben plaats gevonden in zijn kerk.

In 1986, werd Dr. Lee aangesteld als een voorganger in de jaarlijkse vergadering van Jezus' Sungkyul Gemeente van Korea, en 4 jaar later in 1990, werden zijn boodschappen uitgezonden in Australië, Rusland, de Filippijnen en nog meer landen door het Verre Oosten Televisie Bedrijf, het Televisie Bedrijf Azië, en het Washington Christelijke Radio Systeem.

Drie jaar later in 1993, werd de Manmin Centrale kerk uitgekozen tot een van de "werelds top 50 kerken" door het Christian World magazine (US) en hij ontving een Ere doctoraat van Godgeleerdheid van het Christian Faith College, Florida, USA, en in 1996 een Dr. in de Bediening van Kingsway Theologische Seminarium, Iowa, USA.

Sinds 1993, heeft Dr. Lee de leiding genomen in de wereld zending door vele overzeese campagnes in Tanzania, Argentinië, L.A., Oeganda, Japan, Pakistan, Kenia, de Filippijnen, Honduras, India, Rusland, Duitsland, Peru, Democratisch Republiek van Kongo, Israël, en Estland.

In 2002 werd hij, door een grote Christelijke krant in Korea erkend als een "wereldwijde opwekkingsprediker" vanwege zijn kracht bedieningen in verschillende buitenlands campagnes. Vooral zijn "New York Campagne in 2006", die gehouden werd in Madison Square Garden, de bekendste arena in de wereld. De gebeurtenis werd in 220 landen uitgezonden, en ook zijn "Israël Verenigde Campagne in 2009", die gehouden werd in de Internationale Conventie Hal (ICC) te Jeruzalem waarbij hij vrijmoedig Jezus Christus verkondigde als de Messias en Redder.

Zijn boodschappen worden in 176 landen uitgezonden via satelliet, inclusief GCN TV en hij wordt vermeld als de "Top 10 meest invloedrijke Christelijke leiders" van 2009 en 2010 door een bekend Russisch Christelijk blad In Victory en nieuws bureau Christian Telegrapgh voor zijn krachtige TV uitzendingen en buitenlands gemeente bedieningen.

Vanaf januari 2018, is de Manmin Central Church een gemeente met meer dan 130,000 leden en 11,000 binnenlandse en buitenlandse aftakkingen van de kerk over de hele wereld, inclusief 56 binnenlandse dochtergemeenten, en heeft meer dan 98 zendelingen uitgezonden naar 26 landen, inclusief de Verenigde Staten, Rusland, Duitsland, Canada, Japan, China, Frankrijk, India, Kenia, en veel meer.

Tot de datum van deze publicatie, heeft Dr. Lee 111 boeken geschreven, inclusief bestsellers als *Het Eeuwige Leven Smaken voor de Dood, Mijn Leven, Mijn Geloof I & II, De Boodschap van Het Kruis, De Mate van Geloof, De Hemel I & II, De Hel*, en *De Kracht van God*, en zijn werken werken zijn vertaald in meer dan 76 talen.

Zijn christelijke columns verschijnen in *The Hankook Ilbo, The JoongAng Daily, The Dong-A Ilbo, The Chosun Ilbo, The Seoul Shinmun, The Kyunghyang Shinmun, The Korea Economic Daily, The Shisa News*, en *The Christian Press.*

Dr. Lee is tegenwoordig oprichter en president van een aantal zendingsorganisaties en verenigingen: evanals voorzitter, De Verenigde Heiligheid Kerk of Jezus Christus; Blijvend President, Van de Wereld Christelijke Opwekkingsvereniging; Oprichter en bestuursvoorzitter, Wereld Christelijke Netwerk (GCN); Oprichter en Bestuursvoorzitter, De Wereld Christen Doktors Netwerk (WCDN); en Oprichter en Bestuursvoorzitter, Manmin Internationale Seminarium (MIS).

Andere krachtige boeken van dezelfde auteur

De Hemel I & II

Een gedetailleerde weergave van de prachtige leefomgeving waar de hemelburgers van zullen genieten en een mooie beschrijving van de verschillende niveaus van hemelse koninkrijken.

De Boodschap van Het Kruis

Een krachtige boodschap voor alle mensen om degene wakker te maken die geestelijk slapen! In dit boek kan je de reden vinden waarom Jezus de enige Redder is en de ware liefde van God.

De Hel

Een ernstige boodschap voor de gehele mensheid van God, die wenst dat niet een ziel valt in de diepten van de hel! U zult ontdekken de nooit-eerder-geopenbaarde weergave van de wrede realiteit van het Onder Graf en de Hel.

Geest, Ziel en Lichaam I & II

Een gids welke ons geestelijk begrip geeft van geest, ziel en lichaam en ons helpt om te ontdekken wat voor soort "zelf" wij hebben gemaakt, zodat wij de kracht kunnen verkrijgen om de duisternis te vernietigen en een geestelijk persoon kunnen worden.

De Mate van Geloof

Wat voor soort verblijfplaats, kroon en beloningen zijn er voor u voorbereid in de hemel? Dit boek is voorzien van wijsheid en leiding om uw geloof te meten en te ontwikkelen tot het beste en meest volwassen geloof.

Maak Israël Wakker

Waarom heeft God Zijn ogen over Israel bewaard vanaf de grondlegging der wereld tot op vandaag? Welke voorziening heeft Hij voorbereid voor Israel in deze laatste dagen, die op de Messias wacht?

Mijn Geloof, Mijn Leven I & II

Een zeer welriekende geestelijke geur onttrokken uit het leven dat bloeide met een onmetelijke liefde voor God, te midden van de donkere golven, koud juk en de diepste wanhoop.

De Kracht van God

Een boek wat gelezen moet worden, welke dient tot een noodzakelijke handleiding waardoor iemand echt geloof kan bezitten en de wonderlijke kracht van God kan ervaren.

www.urimbooks.com

www.ingramcontent.com/pod-product-compliance
Lightning Source LLC
LaVergne TN
LVHW041801060526
838201LV00046B/1086